全国小学生校园美文精品集萃丛书

七色阳光小少年

最美的时光里遇见

《语文报》编写组 编

时代文艺出版社

图书在版编目（CIP）数据

最美的时光里遇见 / 《语文报》编写组编. —长春：时代文艺出版社，2018.8（2023.6重印）

（"七色阳光小少年"全国小学生校园美文精品集萃丛书）

ISBN 978-7-5387-5866-5

Ⅰ.①最… Ⅱ.①语… Ⅲ.①作文－小学－选集 Ⅳ.①H194.4

中国版本图书馆CIP数据核字（2018）第113188号

出 品 人	陈 琛
产品总监	郭力家
责任编辑	刘瑀婷
装帧设计	孙 利
排版制作	隋淑凤

本书著作权、版式和装帧设计受国际版权公约和中华人民共和国著作权法保护

本书所有文字、图片和示意图等专有使用权为时代文艺出版社所有

未事先获得时代文艺出版社许可

本书的任何部分不得以图表、电子、影印、缩拍、录音和其他任何手段

进行复制和转载，违者必究

最美的时光里遇见

《语文报》编写组 编

出版发行 / 时代文艺出版社

地址 / 长春市福祉大路5788号 龙腾国际大厦A座15层 邮编 / 130118

总编办 / 0431-81629751 发行部 / 0431-81629758

官方微博 / weibo.com / tlapress

印刷 / 北京一鑫印务有限责任公司

开本 / 700mm×980mm 1 / 16 字数 / 153千字 印张 / 11

版次 / 2018年8月第1版 印次 / 2023年6月第5次印刷 定价 / 34.80元

图书如有印装错误 请寄回印厂调换

编 委 会

主　　编：刘应伦

编　　委：刘应伦　赵　静　李音霞

　　　　　郭　斐　刘瑞霞　王素红

　　　　　金星闪　周　起　华晓隽

　　　　　何发祥　朱晓东　陈　颖

　　　　　段岩霞　刘学强

本册主编：陈　洁　秦　峰

目 录

无限风光在归途

那抹色彩 从未淡去

最美丽的风景

窗内，窗外

白翼天使来我家

　　白鸽的头部镶着两颗黑钻石般闪亮的眼睛，红色的小嘴不时发出"咕咕"的叫声，真好听！洁白如雪的羽毛，光滑又美丽。我的喜爱之情油然而生，不由得伸出手，轻轻地摸了摸它。

弟弟，我想对你说

孙梵璟

亲爱的弟弟，期中考试结束了，当你沮丧地迈进家门，向我说出你的期中考试成绩时，本想安慰你的我，却突然怔住了：一向成绩优异的你，怎么会变成这个样子？

让我和你一起来分析原因：坐在书桌旁，你心不在焉，你的目光总是不停地朝电脑瞥去。我想起了你每天放学后的情形——

放学了，一出校门，你就快速穿过一条条马路。回到家，你放下书包就开始写作业。虽然这时的你乖巧勤奋，但是看着你作业本上的一个个错误，我心里的担忧逐渐开始增长。半小时，你就写完了作业，飞快地收拾完书包，然后急不可耐地打开电脑，漫游其中。仿佛这是你一天中最快乐的时光。吃晚饭时，你总是忍不住对我炫耀你在虚拟世界里一点一滴的成长。饭后，你的身影又出现在电脑旁……

终于，事实证明了我的担忧不是没有道理的：渐渐地，你的成绩出现了下滑。每一次抽查测验，你的成绩总是不如上一次。我一次次地劝说你，你却总是不屑一顾。记得上一次，你的成绩还在班级里的前十五名，这次期中抽查测验，你的成绩已经近乎倒数。

弟弟，我希望你远离电脑游戏，它不会让你学习上有任何进步，只能让你沉迷其中，成绩直线下滑。有多少青少年的前途都葬送在这虚拟的世界里！那游戏中一级一级地提升，对于我们的现实生活有什么用处呢？可是，你却无数次地请求：买游戏点卡！难道你还没有察觉到，这只是一个不停消耗我们父母血汗钱的无底洞吗？

亲爱的弟弟，希望你尽快摆脱网络游戏的束缚，回到正常的学习轨道上，我相信你的成绩会重新上升的。加油吧！我相信你能做得到。

白翼天使来我家

黄玮婷

一天中午，爷爷刚出门不久又折了回来。

"啊——"我不禁惊叫起来，因为爷爷捧回一只小白鸽——我心中的白翼天使。我的眼睛立刻被这可爱的小家伙吸引住了。瞧，白鸽的头部镶着两颗黑钻石般闪亮的眼睛，红色的小嘴不时发出"咕咕"的叫声，真好听！洁白如雪的羽毛，光滑又美丽。我的喜爱之情油然而生，不由得伸出手，轻轻地摸了摸它。"咕——咕——"没想到，我的手刚碰到羽毛，它就触电似的，打了个激灵，警惕地盯着我，仿佛在说："你想干什么？不准伤害我！"遭到反抗，我有些不知所措。这时，有经验的爷爷发话了："没事儿，它刚到咱家，可能有些不适应，过段日子就好了。"我听了，暗暗下决心：一定要好好照顾小白鸽，跟它建立友好的关系，让它在新家找到温暖。

就这样，白翼天使在我家的阳台住下了，我成了它的贴身"仆人"。一日三餐，我都会拿一些米粒、绿豆喂它，给它换上纯净水，让它好好享用。刚开始，白翼天使有着极高的警惕性，总是躲着我。给它食物，它总是先瞅瞅食物，再看着我，那样子仿佛在说："你走开我才吃！"为了给白翼天使一片自由的空间，让它安心进食，我只好躲到一边。它见我走了，才慢悠悠地靠近"饭碗"，津津有味地吃起来。

精诚所至，金石为开。渐渐地，白翼天使接受了我，还会很友好地让我抚摸，也不再拒绝我陪它"用餐"了。

不知不觉，白翼天使在我家住了两个多月。一天中午，一群鸽子在空中掠过，小家伙望着窗外蔚蓝的天空，望着自由飞翔的鸽群，出了神。不一会儿，它再也忍不住了，张开翅膀，在狭小的鸽笼中扑腾，试图冲向蓝天。看着这一切，我顿感心疼。是呀！小小的鸟笼关不住鸽子渴望自由、渴望翱翔蓝天的心！我要放飞白鸽，让它回到大自然中！我毅然打开鸽笼，白翼天使见了，走到门边，望了望高远的蓝天，又回头看了我一眼，然后展翅飞去，一转眼便不见了踪影。

令我开心的是，几乎每天傍晚，白翼天使都会飞回鸽笼。从此，企盼小天使回家，便也成了我们一家人每天的必修课……

难忘的"六一"

石宇谦

难忘"六一"，难忘每一年那过往的快乐，难忘每一年那永恒的瞬间。

开 卡 丁 车

　　回忆起去年"六一"，那是惊险、刺激、快乐的一天。我和爸爸妈妈上午早早来到名阳卡丁车馆，这里简直太炫了：漂亮的专业赛车，曲折的专业赛道，时而直超、时而折弯、时而爬坡、时而俯冲，还有计时器、名次表，真想马上开一把。询价后，我觉得挺贵的，就和爸爸决定先开六分钟。六分钟在我们平时很短暂，可是赛道上的六分钟却让我浑身紧绷，血脉喷涌。那是我第一次开卡丁车，本以为自己不敢开快，不过现实却出乎意料，我和爸爸争先恐后，你追我赶，发动机的轰鸣声、轮胎的刹车声响彻耳旁。只听："快点儿，再快点儿。"原来是爸爸追上来了。经过四五圈的追逐，在拐弯处，我猛一加速一时超过了爸爸。这虽然是我第一次开卡丁车，不过我感到我赢定了。然而因为我掉以轻心，爸爸又以迅雷不及掩耳之势超过了我，最后还是爸爸获胜。后来我才知道：爸爸不停地把赛车控制在我的前后，是让我感到压力，又不失进取的信心，真是用心良苦哇！我们感叹：虽然只有短短的六分钟，却完美地体验了十分刺激的速度与激情。

看 电 影

　　体验完卡丁车后，我们来到万达影城观看电影《爱丽丝梦游仙境》。这是一部情感丰富的历险魔幻片，其中很多情节蕴含了太多太多的道理。它教会我们要关心他人、团结朋友，做事情要不畏艰险、勇往直前，要敢于面对自己的错误，要有勇于担当的精神。其中一句话让我记忆深刻："你永远改变不了别人，能改变的只有你自己！"

在浩瀚的宇宙中，在偌大的世界中，在我们热爱的校园里，在我们亲爱的小伙伴中，我们可以很强大，但同时又很渺小。

伴着欢声笑语，"六一"结束了。夕阳西下，我的喜悦之情久久不能散去。希望下一次的"六一"更加绚烂多彩，让我们在每一年的"六一"中渐渐长大。

他是我的榜样

吴晓童

一件平凡得不能再平凡的小事，至今令我记忆犹新。

那是前不久，我乘轻轨到市区参加比赛。怕误了考试，我起了个大早，睡眼蒙眬地登上了第一班轻轨。当我看到车厢里拥挤的人群时，我的心顿时凉到了极点，若是站到终点，我岂不是得累死？可抱怨归抱怨，我只能乖乖地一边扶着栏杆，一边极力在动荡的车厢里保持平衡。我望着车窗外飞速后退的景物，心里有些惆怅：我现在已经不是小孩子了，肯定不会有人给我让座的。想到小时候别人给自己让座，我总认为是理所应当的，可现在却失去了这种优待。

我正想着，忽然坐在我身边的一位叔叔起身说："小妹妹，你坐这儿吧！"我很惊讶，更有点儿受宠若惊，他竟叫我"小妹妹"！这位叔叔看起来二十多岁，与其说叔叔，还不如叫大哥哥更贴切些。他面容清秀，身材挺拔，衣着朴素但也很讲究，鼻梁上架着一副亮闪闪的眼镜，像极了一个学识渊博的才子。

他刚才一直埋头认真研究手中的学习资料，没有注意到我。我以为他快到站了，也没推辞，说了句感谢的话就坐了下来。我终于解放了双腿，真是舒服极了，我又体会到了那种久违的被让座的待遇。

可是，让我倍感意外的是，过了两站给我让座的那位叔叔仍没有下车，我也不好意思继续坐下去。于是站起来，对那位叔叔说："叔叔，既然您不下车，还是您坐这里吧！"但是他不肯，说："我刚才看资料了，现在已经看得差不多了，你就坐吧！"在他的一再坚持下，我只好又坐了下来。

过了好久，轻轨终于到达了终点站，给我让座的叔叔和我一起下了车。我远远地望着他，心里宛如洒满了阳光般温暖。

"让座"这件不起眼的小事许多人都经历过，但这一次发生在我身上，却使我感触很多。时间可以流逝，但那位叔叔在我脑海中的光辉形象将永远挥之不去，他是我学习的榜样。

又是一年桂花开

李友乐

今天放学后，爸爸妈妈都有事不在家，我便到同班好朋友王朝家写作业去了。刚进她家门，便闻到了阵阵扑鼻的桂花香。

我们迫不及待地奔到院子里。那里有两棵桂花树，树枝间，一团团，一簇簇的桂花，虽然还没有完全开放，却已经缀满了树枝，金黄一片。桂花虽然不与繁花争奇斗艳，但它的香味却十分迷人。我们可喜欢了!

记得书中曾提到过:桂花成熟的时候,就应该摇树枝,摇下那朵朵桂花来,做桂花糕,拌桂花蜜。我们也来摇桂花。

我拿来了两只水果盆,一个放在地上,一个捧在手中,来接摇下来的桂花。只见王朝用手抱着桂花枝使劲儿摇,我在下面一会儿跳到东面,一会儿跑到西面,捧着盆子接桂花,忙得不亦乐乎。

一会儿,桂花落得我满头满身都是,再抬头看看王朝——呀,她早已变成一个黄灿灿的"桂花人"了!再看看盆子里,一层稀稀落落得花瓣少得能看得见盆底。我说:"王朝,我们换个工具吧,盆子接得太少了!""好吧。"王朝停下手中的活儿,"我们用席子!"于是我们拿来席子铺在树下。王朝大叫道:"哇!下桂花雨啦!好香啊!"我也在一旁附和道:"对呀对呀!还是'人工桂花雨'呢!"

这时,王朝的妈妈走了过来。"现在桂花还没完全开放。看,你们摇下的都是花苞呀!"王朝的妈妈指着那些桂花说。我们低头定睛一看,果然,大部分还是花苞。真不忍心再摇那树枝了,于是我们就用手轻轻地摘起桂花来。

我们一边沐浴着花香,一边寻找着已经开放的花儿,不禁想起了四年级时学过的一首诗:细细香风淡淡烟,竞收桂子庆丰年。儿童解得摇花乐,花雨缤纷入梦甜。

孝顺的 iPad

周文洁

元旦前夕，外婆生病住院了。她出院的时候，医生再三叮嘱我们："现在的老人生活都比较单调，出院后一定要让老人家心情愉快，生活丰富一些，这样对身体的恢复有好处。"回到家后，妈妈想了好多办法，一会儿想陪外婆去逛街，一会儿想陪外婆去公园，一会儿……可外婆都说很累，提不起兴趣。

看着病床上的外婆，我想起了外婆对我的好：从小到大，她总是用微笑鼓励我进步，总是为我精心准备可口的饭菜……可我却只知道接受，对她的回报少之又少。现在，外婆身体不好了，不能出门，要怎么才能让她的生活丰富多彩呢？我冥思苦想着。

忽然，我灵机一动，对外婆说："外婆，我把我的iPad送给你玩，可以吗？"外婆根本不知道iPad是什么，她顺口说，"试试吧！"

在我和妈妈的帮助下，外婆很快就学会了用iPad看新闻、看电视、听音乐、购物、聊QQ，生活可丰富啦！我放学一回到家，外婆一会儿给我说："呀，我今天和我几十年前的老同学联系上了，还视频聊天了呢！这可比原来的写信、打电话方便多了！"一会儿给我说："宝贝，我今天给你买了几本书，过两天就到了，以后买东西再也不用逛商场那么累了。"一会儿又给我说："今年寒假你陪我去海南旅游吧，我在网上把吃的地方、住的地方都选好了。现在的科技真是神奇呀，足不出户，一个小东西，什么事情都能解决！"房间里又充满了外婆的笑声。

一个月后，外婆去医院复查，身体恢复得很好。医生夸奖我们说："看老人家的精气神儿就知道生活很幸福，你们都是孝顺的儿女哟！"

在回家的路上，我高兴地问外婆："外婆，您说我们家谁是最孝顺的？"

"当然是你哟，宝贝！"外婆捏捏我的小鼻子说。

"不，不是我，是我那高科技的iPad！"

"哈哈，哈哈——"全家人一起走着、说着、笑着，可开心啦！

我的老爸

陈 泽

看到这个题目，你一定很好奇吧。我的老爸有什么好说的呢，但是啊，我老爸有他独特的一面。下面我就为你介绍一下我的老爸吧。

首先，我们全家都认为他很酷。我老爸有居高临下的个子，高高的鼻梁，一双大眼睛，常穿一身"黑"：黑皮鞋、黑夹克、黑裤子，再配上一副黑墨镜和一双黑手套。哇，看上去那叫一个"酷"耶！更好笑的是，我妈还时常说："黑哥，有事您吩咐！"哈哈哈……

我老爸的脸呀，说变就变。平时对我特别好，我要什么他几乎都不会拒绝，有时候我感觉我都被老爸捧上天了。可是，每当考试分数单拿到他手里时，他都会露出不太满意的面孔："才考90分呀，你们班最高分是多少啊？"还有，"你能保证一直进步吗？满分100分，你咋考这么少啊？丢不丢人呢？你再看看咱们对门的那女孩儿，每次考试都是差一两分就满分了。""知道了！"我扭头准备走时，老爸又接上一句："告诉你，考试要仔细，要认真，你怎么就是没耳性呢……"

我经过长时间的努力，终于获得个大满贯，我以为老爸会给我一番夸奖，然而他却说："考满分很了不起吗？下次你再考一个满分让我看看。""你看看你，不就考个满分吗？骄傲什么呢？没听说过'虚心使人进步，骄傲使人落后'的道理吗？"

不过，老爸人特别好，我们小区里的人经常夸他。今年我国南方发生了大地震，我们小区组织捐款活动，别人都围在那里看，可谁都没有捐。我和老爸走过去毫不犹豫地捐了一百元钱。在我老爸的带头之下，小区里的其他人也都纷纷加入了献爱心的行列。

喂，看了这篇《我的老爸》，你对我老爸印象如何呢？

嘿嘿……

我暗恋上了熬夜

袁小田

当我写下这个题目时，周围很多同学笑我傻。还有同学说："是不是写错了题目？怎么会写这么奇怪的题目呢？"我没有在意他们说的，因为我心里一直想着"台上一分钟，台下十年功"这句话。

晚上，我和朋友们一起走在回家的路上，在路上我们有说有笑的。这时，李东耀说："晚上你们几点睡觉呀？"我随口一说："10点。"张家琦说："10点多一点儿。"李东耀又说："你们这么早就睡呀！"我说："李东耀你几点睡呀？"李东耀说："11点或11点半。"我说："不是吧！你那么晚才睡呀？"李东耀说："我爸给我买了好几份复习资料，让我做。"张家琦笑着说："好学生，将来好的学校不招你，都是他们的损失呀！"我们哈哈地笑了起来。

回到家中，我回想起我们刚才所说的话，自言自语地说："为什么我不可以熬夜？为什么我可以把当天应该要完成的作业不完成，而要拖到明天呢？"

于是，我暗暗对自己说：今天晚上我一定要把作业做完，过了好一会儿我把作业做完了，抬头看了一下表，晚上10：15。我心想：怎么……怎么才10：15，这才10：15我就把作业做完了，这下怎么办？哦！今天不是刚学了《马说》吗？我还不怎么会背的，于是，我翻开课本，读了起来："世有伯乐，然后有千里马。千里马常有，而伯乐不常有……"刚读完一遍，我的瞌睡虫就开始阻止我复习，让我不停地打盹，我心想：古代都有悬梁刺股的方法，虽然，我不能够如法炮制，但是我可以阻止瞌睡。于是，我每当打一下盹，就用力掐一下自己的手，过了几分钟，我完全没有了睡意，而且越读越有精神，我试着背了一下，结果一字不差，也不像刚开始那样吞吞吐吐了。我用手摸了一下胳膊，一片通红，当我再次抬头看一下表整整11：00，我露出了高兴的笑容，因为我不仅战胜了自己的瞌睡虫，而且也向成功迈进了一步，我相信只要我每天坚持下去，成功就在不远处。

瞌睡，你别费心思了，我已经暗恋上了熬夜。

操场上的那一抹红

周　馨

　　今天，我校召开了运动会，操场上煞是热闹，恰巧我班保洁。

　　下午，操场上的垃圾更多。瞧去，矿泉水瓶遍地都是。跑道上、草坪上，还有无数各种的面包、方便面的包装袋。颜色各异，看了觉得刺眼。我拿上收纳袋，开始捡垃圾。垃圾又脏又臭，况且在别人异样的眼光下，感觉怪怪的。我很无奈，只好低着头有气无力地捡着。

　　"你真辛苦，反正我也没事做，帮帮你吧！"正当我弯腰拾垃圾的时候，一个友善的声音传来。我一抬头，发现一名年龄与我相仿的女孩儿站在面前。她红扑扑的脸蛋上有一双水灵灵的大眼睛，长长的眼睫毛，鼻子棱角分明。最好看的是她那两排牙齿，洁白整齐，就像两排银白色的珍珠，闪闪发光。她身着红色羽绒服，很显眼。我不好意思地说："不用啦！你还是观看比赛吧！"她摇摇头说："没关系。"边说边笑，脸上顿时出现两个小酒窝，很美丽。

　　我们便结伴捡拾垃圾，我总是避开人群多的地方，她一点儿也不在乎别人的目光，专往人多的地方钻。在她的帮助下，收纳袋很快就满了，在倾倒垃圾途中，我好奇地问她："你为什么敢去人多的地方呢？"她不假思索地回答："捡垃圾又不是什么丢脸的事情，我们是在美化环境呀！"说着，她侧过脸来对我笑。这时，我发现她那双眼睛里迸发出一簇簇火苗，宛如苍穹里摇曳闪烁的星星，星星上，那修长的睫毛一眨一眨的，我似乎有了一种恍然大悟的感觉，做好事就应该大胆地去做，原本沉重的步伐忽然变得轻快了。

从垃圾池出来，我感觉身后有一双眼睛，就像两只蝴蝶，一飘一飘地追逐着我，给我无穷的力量。我们又继续拾起垃圾来，此时的我在她的感染下，已无所畏惧，拿着垃圾袋，坚定地走着。

不知何时，在我和她的带动下，越来越多的同学加入我们的行列。红头箍笑着拾垃圾，红衬衫自觉把手中的垃圾扔入垃圾袋，红风衣拎着袋去倒掉……此时一千五百米长跑正在举行，另一场"长跑"同时也在举行，眼前一片红色的海洋，蓝天、红衣、绿草交相辉映，我的眼眶渐渐湿润了，只剩下一抹鲜艳的红。

夕阳西下，晚霞辉映的操场很美，美得令人心颤。那美，似乎不在于晚霞颜色的鲜丽，而在于晚霞勤劳地工作，将充满正能量的红色火焰无私地泼洒在美丽的校园上。

只要每个人都把保护环境作为自己的责任，我们的校园就能变得更加美丽。我相信，操场上的那一抹红，将遍及整个校园！

一场特殊的文艺晚会

侯世康

上个星期五晚上，妈妈带我去兰溪剧院观看了一场特殊的文艺晚会——全部由残疾人表演的文艺晚会。

"各位观众，非常感谢大家来观看'绽放生命，共享阳光'文艺演出。"女主持人是一位独臂姑娘，身材高挑儿，落落大方。她甜脆悦耳的报幕声刚刚落下，身边轮椅上的男主持人接着说："希望我们的演出能让大家度过一个快乐的夜晚。"男主持人双腿萎缩，但说话声音宽厚洪亮，铿锵有力。

晚会在舞蹈节目《幸福花开》中拉开了序幕。这个节目的表演者是一群聋哑人。他们虽然不能说话，却舞出了优美的造型，舞出了多彩的人生，在自如的动作中，在无声的语言中，述说着他们对美好生活的追求；接着是男声独唱，演唱者是一位拄着双拐的小伙子，他唱的是《滚滚长江东逝水》，歌声激昂高亢，嗓音浑厚醇美；第三个节目是二胡独奏，曲目是《二泉映月》，演奏者是一位盲人，他用他那娴熟的指法，高超的技巧，把这忧伤而又意境深邃的乐曲旋律，演奏得时而深沉、时而激昂、时而悲壮、时而傲然……

二胡独奏结束后，更感人的一幕出现了。两位无手的残疾人叔叔走上台，一位用嘴咬着笔写出了"海纳百川"四个狂草体书法大字，每个字都龙飞凤舞，遒劲有力；另一位用脚握笔画出了一幅画——《春天》，只见画卷上鲜花竞开，蜂飞蝶舞，一派生机盎然的景象，好美呀！人头攒动的现场不断地掌声雷动。

晚会是在舞蹈《千手观音》中落下帷幕的。这场自始至终由残疾人演出的文艺晚会，无时无刻不给人一种震撼、一种鼓舞、一种力量，特别是对我们少年儿童来说，更有教育意义。我们一定要学习他们那种不怕困难、顽强拼搏的精神，好好读书，做一个奋发有为的好少年。

做"小偷"之后

岑迎之

这几天我的心里颇不宁静。

几天前,我在自己家里玩电脑,看到最近有新的光盘在超市的光盘区有卖,每张三十五元,于是我就有了兴趣。

我打开我的零花钱盒,看看有多少钱!"呀!不会吧!才十元。"我惊奇地叫了起来,"不行,对!我可以向老妈借!"我开始有点儿兴奋了。

我兴冲冲地跑向楼下,见妈妈正在干活,我走过去问:"妈!能不能借点儿钱给我?""你要多少?"妈妈严肃地问。我有点儿害怕,但还是说:"二十五元!""这么多,你最近是不是在乱花钱?妈这个月刚给了你五十元了,你还要二十五,不可能,你看妈现在在干什么了?"妈妈骂道。"不给就算了,为什么这么凶啊!"我气冲冲地到楼上去了。

我用力把门关上,坐在椅子上想:怎么办,我好想去买光盘啊。对啊,不给,我可以偷。我心里一时出现了一个错误的想法。可好奇心还是控制不住自己,我跑到衣柜前拿了二十五元就去买光盘回家看了。

第二天,我有点儿不安了,因为我偷了妈妈的钱,妈又不知道。

她会不会很生气呢?

平常她总是对我很好，给我吃饭还让我穿暖，可自己却穿几十块的衣服，而我总是穿着五六百的名牌衣服。昨天她还在下面帮家里干活呢！前天也是，几乎每天都是，可我呢，不去帮忙，还向她要钱，还要更多的钱。我好过分。

我记得有一次妈妈生日，爸爸给妈妈买了一双名牌鞋子，妈妈开心得不得了，见她欣赏了那双鞋子很久才放下，直到现在她还穿着那双鞋。

我越想越忐忑，摸摸手里的光盘，不行，我得把钱还给她。

我拿着光盘，跑向超市，对着售货员说："阿姨，可不可以退货？才一天而已，我没弄坏什么东西！""这个嘛，我要去问问老板，小朋友你先等等！"阿姨很亲切。

我感到我有救了，可以把钱还给妈妈了。

几分钟之后，阿姨来了，我感到我的心跳得很厉害，心里忐忑不安，等待着阿姨开口说话。

"小朋友，对不起，老板说不能退。"阿姨抱歉地对我说。

我的心沉了下来，看来还是不行，我垂头丧气地走回了家……

给羊盖新房

赵凯宇

入冬的那场大雪，把我家羊圈的棚子压塌了。三只羊看着我一直

"咩咩"叫，好像在说："小主人，我们住哪里呀？"我决定为它们盖一间新房子。

为羊盖房子，说起来容易做起来难，出些力气我倒不怕，可是盖房的材料从哪里来呀？我环视四周，把目光投向院子的东南角，心中一喜，正好车棚也被大雪压塌了，把车棚上的砖瓦、木料拆下来，不正好可以为羊盖房子吗？

说干就干。我先把棚上的红瓦、椽子、檩条掀下来，把烂损的扔掉，完好的留着，然后拆墙体，收集砖头。雪后的砖墙冰凉扎手，我戴上手套，用瓦刀一块一块地往下撬，再把上面的残雪冻土刮干净。叮当叮当干了一个上午，我终于把车棚拆完了。

吃过午饭，在爸爸的帮助下，我们开始正式为羊盖新房。爸爸放线、砌砖，我搬砖、和泥。放线就是用一根足够长的线，两头缠上砖头，拉紧绷直，作为垒墙的"标准线"，每垒一层，都要升一格。砌墙，不但要有力气，还要有技术。爸爸一手拿着瓦刀，一手拿着砖头，用瓦刀挖上一刀泥，在垒好的砖上摊匀、抹平，把砖头摁上去，"当当"敲两下，砖头便稳稳地粘在墙上。我在旁边给爸爸打小工，掘土、掂水、和泥、搬砖头。爸爸一会儿喊："砖！"一会儿敲着泥盆说："泥！"我送去了泥，又搬砖，搬了砖，又要和泥，真是忙得不亦乐乎。抬头休息时，我看墙的高度已经差不多了。接下来要盖房顶了，妈妈也前来帮忙。我们先在墙上架好梁，然后在梁上架檩条，再用铁丝固定放在檩条上的椽子，在椽子上面铺一层厚厚的柴草，在柴草上抹一层泥巴，然后把大红瓦粘在上面盖好房顶，羊的新房就竣工啦！

晚上，我把三只羊牵进新房子里，它们看着我"咩咩"叫，好像在说："小主人，谢谢你。"我心里别提多高兴啦！

轻轻地，我走了

陈乔琏

"长亭外，古道边，芳草碧连天。天之涯，海之角，知交半零落……"这首骊歌，我在唱给你听。再见了，亲爱的知交！

——题记

与你相遇在那个美丽的盛夏，相知在那个圣洁的寒冬，相顾在那个旖旎的春天，相伴在那个诗意的秋天。我们走过的季节，看过的风景，做过的努力都是回忆录中最靓丽的一笔。今天，轻轻地，我走了。不禁回忆起有你陪伴的日子。

印象中，你活泼得像花丛中的蝴蝶，而我，则文静如角落里的花朵，是你带动了我。本来所有人都认为咱俩是一对相反数，不可能有友谊，没想到我们让那些人"失望"了。因为你和我都喜欢韵味和现代元素，所以我们志同道合。你若是那高山流水的知音，我便是那管弦少年，我奏心声你来听。

记得我们之间有过一次隔阂，那次隔阂像场突如其来的雷阵雨，来得快，去得也快。那晚，老师找你谈了话，你进来时眼眶红红的，我不禁担心起来。下课，我问你怎么了，你没说话，只是往外走。我默默地跟在你后面，你的影子格外落寞，也给我的心中增添了一丝忧伤。我心想，到底是什么事把那个睿智、幽默的你给困住了呢？我们两个静默着走了很久，月光冷冷地洒在我们身上，星星很微弱地散发自身的光芒。"到底怎么了？你是不是……"我鼓足勇气问你。"不是，你不要乱猜了！"你生气地说道。"不管什么事，总会有解决的方法的，不要哭了，还有我呢！"我关心地回答道。旁边的大树或许被你的反应吓到了，周围一片寂静。"丁零零"，一阵刺耳的上课铃声打破了周围的沉默，我们赶忙回到教室。你的眼泪像断了线的珍珠，不停地往下坠。你的眼泪像雨点，打湿了我的心情，我也忍不住放声哭起来。我想，要不是我不理解你的心，你又怎会更难受？下课后，我们似乎都在哭，却又不让彼此知道。

第二天，我没有一如既往地去找你，因为我害怕再次令你难过。遇见了你也只是慌张地躲开。正好这天考试，同学们都在谈论题目。我看见你也在谈论，忍不住问你："考得怎么样？""还行。"你温柔地回答道。不久，上课铃又打响了，我们停止了讨论。下课后，也终于考完了。我拉着你的手来到走廊上晒太阳，说："你要好好考哦！""你也一样啊！"我们爽朗的笑声冲散了所有的不快，我们的心贴得更近了。

我和你的友谊在相遇那天播种，随后的日子里它恣意生长，这回遇上了分别的风雨，但它已经无坚不摧了。时光荏苒，岁月如梭，你还是你，还是那个温暖的陪伴。即使不能像以前一样陪在你身边了，但我无时无刻不在陪伴着你的心。

与君惜别时，尚是柳色青青，而如今，君居长江之头，我却在黄河之尾。纵使我拟泛轻舟也再不能一日飞还那个千里江陵了。西风里，南飞的北雁会告诉你：涛声依旧，我心依旧，冰心一片，尚在玉壶。

生日 Party

范烨灿

生日前夕，我向妈妈宣布："妈妈，我十二岁了，是大人了，今年的生日我要为自己开Party，请我最好的几个朋友来玩。"妈妈同意了。

生日那天是星期六，妈妈一早就把三楼的小客厅收拾了一番：一张略略显旧的八仙桌靠西墙根摆放着，桌上铺着粉红的碎花桌布，放着我一直想用妈妈却舍不得拿出来的紫砂自动出水壶，还有一套茶具——绿色的底纹上印有白色的小花，显得特别雅致——这是妈妈今年送给我的生日礼物。我问妈妈为什么把我的生日Party放在三楼，妈妈说三楼地方大，而且很少有人上来，不会打扰我们玩。她一边说一边把各种零食、水果和饮料放置好。望着温馨整洁的小客厅，我高兴得不禁扑到妈妈怀里，亲了她一口。

一会儿，我的朋友来齐了，生日Party开始。大家尽兴地大吃一通后，孙宸看着精美的茶具自作主张地宣布："下面我们将进行品茶大赛，看谁品茶姿态最有特色。首先请我们的小寿星闪亮登场！"我缓缓坐下，用食指和拇指捏住杯把，其他三指呈孔雀翎状，另一只手放在大腿上，优雅地呷了一小口。孙宸说："请评委打分。"方平一脸坏笑地说："小寿星学得还蛮不错，就是手上没有拿手帕，所以只能给9.5分。"小红说:"璨璨,我给你打9.9999分。"

接着其他三人都根据自己对茶文化的理解品起了茶,最滑稽的是方平,她说:"我是疯丫头卢娜(《哈利·波特》中的人物,方平一直都是哈迷),我学不来淑女的样子,就学学老牛饮水吧。"说着便仰起脖子"咕咚"一下喝完了茶,还"哞哞"地叫了几声,逗得我们哈哈大笑,我笑得岔了气,孙宸笑倒在桌子上,小红一边喘气一边揉肚子。结果我得了"最佳优姿奖",方平得了"最滑稽奖"。

孙宸又宣布:"现在进行第二项活动,才艺表演。"我随手拿起星形的茶具架,唱起中英文结合版的《小星星》:"One闪One闪亮晶晶,满天都是small star."大家兴奋地加入,中英夹杂的唱词让我们自得其乐。孙宸竖起大拇指说:"这节目真新颖!"我连续受到夸奖,心里美滋滋的。在这么多表演中,我最喜欢小红自编的"诗"——《赠叶璨》:"叶璨生日最快乐,大家一起来祝贺。茶香歌甜笑声美,情深谊长百年和。"这小才女刚吟诵完,客厅里就响起了《生日快乐》歌,歌声如茶,那样香,那样浓,款款流入我心灵深处。

蓦然回首,我似有所悟,亲情和友谊缔造了我的快乐。

大红薯,小红薯

唐子蝶

每天,爸爸总是沐浴着清晨的气息给一家人做早餐。这时候,连太阳公公也赖床不起，过了许久，才懒洋洋地伸个懒腰，慢腾腾地爬上天际。当灿烂的阳光照进卧室的时候，我才慌慌张张地爬起床。当红薯的香味打着旋儿飘进我的鼻孔时，我才知道，爸爸今天给我煮了红薯，已经盛在了碗里。

我坐在板凳上，嘴里含着热乎乎、甜丝丝的大红薯。红薯经过我的舌头、喉咙，像一条淙淙的溪流，流进我的肚子里，滋润、温暖着我的身体。在品尝完我碗里的红薯大餐后，我又用贪婪的目光瞟了一下爸爸碗里的红薯。顿时，一阵锥心的羞愧与自责涌上我心头。爸爸碗里的红薯又小又干瘪，有的还有黑点子（快坏了的红薯刚开始会出现黑色的斑点）。看着爸爸吞下一个个快要坏了的小红薯的时候，我暗暗地做了一个决定。

第二天，我起得很早，抢在爸爸之前把红薯盛到我自己的碗里，个个都是我精挑细选的迷你型小红薯。我欢天喜地地将这碗迷你型小红薯端到桌子上，并且做了记号。

但这一切似乎没有逃过爸爸的眼睛。

当我洗漱完毕，又坐回板凳上时，突然发现碗里的红薯竟然都被调了包！正当我慌乱、着急时，却无意中看到爸爸那善良的、充满爱的眼神里有一丝喜悦，再往爸爸的碗里一看，我恍然大悟，爸爸碗里的红薯都又小又瘦，而且表面上还留着我做的记号！

刹那间，我哽咽了，只感到一股汹涌的波涛，狂啸着，似乎要从我的眼眶里飞涌出来……

我想去当兵

高 原

"扛上冲锋枪，穿上绿军装，保家卫国去站岗……"这首歌是我在独山军区观看解放军叔叔训练时听到的。每次听到这首歌，我心中总会产生一种莫名的冲动：长大了，我也要去当兵。

其实，我从小就酷爱玩打仗游戏，家里有许多玩具枪。我三岁时接触枪战游戏，五岁时接触战争策略游戏，我在游戏中慢慢长大，当兵的梦想与时俱进，愈演愈烈。我总觉得，军人是十分英武和神圣的。

我也经常看一些战争影片，如《亮剑》《我是特种兵》《中国兄弟连》《雪豹》《与狼共舞》等。每看到战争的场面，我总是热血沸腾，恨不得马上学会穿越，加入到抗敌的战斗中。

我家里放着一堆玩具枪。干什么？还用问，打枪战呗！我和爸爸一组，妈妈和姐姐一组，我们常常玩得忘记了吃饭和睡觉。有时候，我也和院子里的小朋友玩枪战，把院子里搞得鸡飞狗跳，别提有多热闹了。

妈妈给我买的衣服几乎全是迷彩服，我觉得，穿上军人的服装更有精神、更神气、更自豪！妈妈说，一定要找机会让我去少年军校体验体验军人的生活，也好为我的梦想打基础，我真是太高兴了。

上个星期天，我的一位军官哥哥来我家玩，我和他合了一张影，挂在我的小书房里，看到它，我总感到无上的光荣。

"扛上冲锋枪，穿上绿军装，保家卫国去站岗！"这句话一直激励我前进。我相信，只要好好学习，努力锻炼，总有一天，我一定会实现我的理想——穿着军装，守卫祖国的边疆！

美，就在身边

王斯影

美在哪里？有人说美在夜空中，闪烁的繁星是她的眼睛；有人说美在溪流中，飘落的花瓣是她的饰物；有人说美在峡谷中，清晨的雾霭是她的面纱……可我总觉得美是虚无缥缈的。终于有一天，我领悟到了美的真谛。

那天，雨来得很突然，望着眼前细密的雨帘，我手足无措，谁叫我忘了带伞呢？

"走吧，我有伞。"一声憨厚的召唤从背后传来。接着，一把伞罩住了我。我回头一看，原来是同班那个不苟言笑的男生。

"这——"我迟疑着，没有向前走，那伞虽然很大，却像容不下两个人。

"快点儿！"听到一声催促，我抬起了头，向他投去感激的一瞥，他一脸憨厚，眼里似透着真诚的光。

我们一起走进雨中，雨，下得更大了。伞沿儿上的水不断地流下来，路在雨水的冲刷下变得越来越滑，我们不得不小心地向前走着。"哧溜"一声，我一不留神重重地摔在泥泞里。"不要紧吧？"伴着一声问候，他蹲下身扶起了我。

很快到了我家门口。望着他离去的背影，我才发现雨竟淋湿了他半个肩头……

美在哪里？美其实就在你我的身边，在我们的生活中，它像涓涓溪流，滋润着我们的心田。

今天的"音乐课"

郑婧婧

今天下午的第二节下课后，一看课程表，下节上我最喜欢的音乐课，音乐课自开学以来，就由于种种原因，没怎么上，因此，我非常兴奋。

可没一会儿，班主任来了，说要到操场上劳动。"唉，真扫兴。"我心里暗暗地想，最终，我们还是去了操场。

我们排着长长的队伍来到了操场上，老师把我们带到了我们的"领域"，说："你们要注意几点，第一，就是注意安全！安全第一，有些同学……"给我们打完"预防针"后，又接着说："这就是我们的劳动区域，要把这些砖搬到那里去，"指了指北面，说："光搬整块的。"于是，我们就开工啦。大家都蹲下来，把地上的砖先用手掰开，可能是因为时间久了吧，有的砖一掰就破。我们把那些完好的砖开始"运输"。我开始搬了三块砖头，两只手垂吊着捧着，运到终点是有点儿累，于是，我吸取了上次的教训，只搬了两块，这次比上次轻快了很多，我看到有的比我强壮的都拿四五块，可我了解自己，要量力而行嘛！嘿嘿，就这样，持续了大约一节课的时间……

砖很快被我们运送完毕了，于是我们高高兴兴地回教室了。

虽然今天的音乐课没有上，可这节课上得更充实，更有意义，这让我体会到了爸爸妈妈干活的辛苦，这可能只是爸爸妈妈干的一小部分吧……

我想握住你的手

张　涛

027

"慈母手中线，游子身上衣。临行密密缝，意恐迟迟归。谁言寸草心，报得三春晖。"

孟郊的《游子吟》写出了万千海外游子，远离他乡的求学之人对母亲深切的思念和牵挂。

是什么，让游子产生如此的思念和牵挂；是什么，让慈母连夜赶衣；是什么，让游子和慈母之间有浓浓的情意……是亲情，是天地之间最珍贵的，血浓于水的亲情，是它，架起了母子之间的无形，只可意会不可言传的桥梁。

从呱呱坠地到蹒跚学步，我的世界总有你牵着我的手，带领我走向知识的殿堂，带我走向五彩斑斓的世界。因为有你，我的世界并不孤单，你——我的母亲。

"我们吃的盐比你吃的米还多。"这是妈妈常对我说的话，而我总是不以为然。父母的爱，常常被年少轻狂的我们忽略，当岁月无声溜走时，在父母脸庞和两鬓却留下了痕迹。从小时候过马路时妈妈温暖地牵手，到上学淋雨生病时妈妈温柔地抚摸，使我印象最深的，就是这双无所不能，可以安抚我心灵的双手。直到又一次周末放假回家时，我猛地发现妈妈原本浓黑的头发，也出现了银丝。这时候，我才猛地意识到，母亲老了，她不再年轻，从而，我知道，我长大了，因为我的内心开始体贴、关怀父母，懂得理解、感恩父母。我想牵着你的手，在你年老时，有我当你的扶手；我想牵着你的手，陪你到天涯海角……

母亲，是世界上最芳香，最伟大，最温暖，最美好，最强大，最光明的名词。她是"爱"的代言人，而我是她的忠实粉丝，支持她，尊敬她。

世界上，能铸造人间奇迹的，往往是爱的力量。记得曾经读过的一份报纸中写道：一位年轻的母亲趁孩子熟睡之际到楼下买东西，孩子醒后不见母亲，便到阳台上呼唤寻找，正巧母亲回来听到时，孩子不留神失足落下，她惊叫一声，飞奔到楼下，稳稳地接住了孩子。孩子从高楼落下来的重力，不是一般人能承受的。后来，让短跑和举重运动员也做了这个实验，但完全不是这个效果。由此可见，母爱的力量是多么的伟大，多么的令人震撼！

母亲是疲惫时的一杯龙井，当你软弱无力时，让你精神倍增；母亲是黑夜里的明星，当你误入迷途时，帮你指引方向。我们的生命历程中，融入了母亲生命的每一朵浪花，每一句叮咛，每一次牵挂……让我牵着你的手，陪你走到天涯海角。

留一点儿责任给自己

左晓凡

　　成长路上，有彩虹，也有风雨。成功时，留一点儿清醒给自己，你会发现，更多的理想需要追求；失败时，留一点儿梦想给自己，你会发现，前方的道路何其宽广；幸福时，留一点儿责任给自己，你会发现帮助别人多么快乐；忧伤时，留一点儿微笑给自己，你会发现平凡的生活充满阳光

　　幸福时，留一点儿责任给自己，你会发现帮助别人多么快乐，这句话一点儿也没错，很值得我们去学习。当你开心高兴，处于幸福之中时，却有些人还处在痛苦悲伤之中，所以，我希望我们不仅要自己幸福，而且也要尽力让处在痛苦之中的人们脱离痛苦，走向幸福。这样，留一点儿责任给自己，会使我们共同受益。

　　记得有一天，我和妈妈要乘公交车去城里买东西。于是，我和妈妈便在路边等车。不一会儿，对面一辆公交车正在缓缓驶来。车停下后，我和妈妈选了两个空座便坐了下来。行驶了一段路程后，我发现公交车上站着的人都在朝一个方向看，于是，我也就好奇地跟着望去，我发现一个男人正在用刀片割开老爷爷的手提包，然后顺势把手伸进去拿出了一个钱包。我想开口说捉小偷，可是这么多人正在看着呢，不也没有捉吗？我喊了有用吗？可我又一想，万一这个老爷爷拿

这些钱有大用呢？于是我又喊了一声，他们才反应过来，小偷听到我的喊声后，准备跳车逃跑。可是不管用，因为小偷被车上的几个年轻人按倒在地，老爷爷知道自己被小偷偷了钱后，听到是我喊的后，就说："多谢你呀，要不是你的话，这些钱就没有了，我也不知道该怎么办好了。"我说："老爷爷，不用谢，应该的，这是我的责任。而且帮助别人就是快乐自己。"不一会儿，车就到站了。

经过这件事以后妈妈对我刮目相看。我也明白了责任是一种快乐，它不仅可以使我们快乐，也可以让我们懂得更多。所以，就让我们留一点儿责任给自己，让我们更幸福快乐地做一个有责任心的人。

无限风光在归途

　　一颗老桃树轻轻拍拍我的肩，用他苍劲的骨干和枝头的繁花向我们诉说着过往的悲喜。绿叶听了，也为之动情，不禁嘘唏起来，发出簌簌声响。

我发现了修养之美

王新月

> 修养如阳，给人温暖；修养如花，赠人芬芳；修养如粮，给人力量。
>
> ——题记

修养，在我的身边无处不在，渐渐地，我发现了它，也发现了它的美。

"你是不知道呀！那天……"放学回来的路上，我遇到了好朋友梅，话痨的我把在学校一个星期发生的事，如竹筒倒豆子般全说出来给她听，和她分享我的快乐与忧伤。一路上，我叽叽喳喳的，像只小麻雀，而梅边走边听，一句也没插嘴过，脸上始终保持微笑。

"呼！"我终于讲完了，深吸一口气。我这才发现梅从头到尾都没有说过一句话。

"你怎么一句话也不说呀，我说的事是不是太枯燥了呀？"

"哪有？谁叫你讲那么快，像机关枪一样突突突的，我倒是想说呢，你让我说吗？"

其实，我知道梅是怕打断我的话，就打断了我的兴致。你看，这就是修养，懂得倾听的修养。

"你看见哪里有垃圾桶了吗？"姐姐问道。

"没有，扔在地上吧，反正有环卫工人打扫的。"

"还是算了，等看到垃圾桶再说吧。"出门逛街，姐姐买了几袋零食，吃完后，因一直没有见到垃圾桶，姐姐就把零食袋攥在手里。

"姐，那儿有个垃圾桶！"姐姐一溜烟跑过去，此时我发现姐姐好美，懂得环保的修养。

哎，真是的，刚出门，居然看见了乞丐。我拉着爸爸想绕个道，可爸爸并没有要走的意思，反而把手伸进口袋，掏出一张十元钱，轻轻地放在乞丐的手里。我很诧异，悄悄对爸爸说："爸爸，万一他是骗子怎么办？"

"孩子，并不是所有人都像你想得那么阴暗的，做人最起码的良心还是要有的……"

哦！我又发现了修养之美，懂得善心的修养。

我发现了身边越来越多的修养之美。我坚信：有修养相伴，我们的世界将会更加美好。

033

滑板碰碰赛

胡存勋

一个周末的下午，我躺在沙发上无聊地扫视着四周。突然，我看到了靠在墙角的滑板，不禁兴致大发，何不带着它约上伙伴去玩？

于是，我打电话约王琦涵去老年大学的操场上玩滑板。我先到了约定地点，王琦涵也随后赶到。我们各自滑了会儿滑板，接着便商量来一场滑板碰碰赛，三局两胜定输赢。

第一局比赛开始了，我飞快地蹬着滑板绕着操场滑行。王琦涵紧追不舍，我加快了速度，但是仍甩脱不了。我只好跟他来个硬碰硬，铆足劲儿，等着王琦涵撞上来。果然，只听啪的一声响，王琦涵被顶翻在地。但是，我也被撞得几乎把持不住，滑板开始剧烈地摇晃，但还是被我稳住了，没有跌下滑板。

第二局比赛，我有点儿扬扬得意，主动展开进攻。结果可想而知，我同样被王琦涵撞了个人仰马翻。

最为关键的第三局比赛开始。我通过前两轮的经验，分析了一下场上的形势：我善于防守和持续滑行，应该和对手玩追逐，以消耗他的体力。于是，我蹬着滑板，灵巧地在操场上转圈滑行。而王琦涵几次想迎头撞我，都被我机智地避让开。王琦涵显然有些急躁了，呼啦啦啦一路追赶上来。机会来了，我在操场的拐角处，猛地一停，给王琦涵来了一招"神龙摆尾"。嘭的一声，王琦涵的"小毛驴"飞进了操场外的草地里。

这次滑板碰碰赛以我的胜利告终，王琦涵是输得心服口服，对我直竖大拇指。要知道，他可是班上的滑板冠军，能打败他实为不易。当然了，"友谊第一，比赛第二"，约个伙伴玩耍，开心快乐、友谊长存才是最重要的。

无限风光在归途

朱小菊

又是一个周末到，回家的心情就是好。哈哈！

走在乡间的小路上，阳光挑逗着我的眼睛，向我发出春天的邀请。她将无限的热情倾洒下来，还同影子玩起了捉迷藏。影子可是玩捉迷藏的老手，忽长忽短，时左时右，嘻，看你怎么捉到我？

不一会儿，风儿也来献殷勤。他温柔地抚了抚我的发梢，就钻进我的脖子里挠痒痒。我实在招架不住，连忙扣好风衣扣。

一颗老桃树轻轻拍拍我的肩，用他苍劲的骨干和枝头的繁花向我诉说着过往的悲喜。绿叶听了，也为之动情，不禁嘘唏起来，发出簌簌声响。

路边几朵无名的野花在微风中舞蹈，我走近她们羞涩地问一声好，她们也轻轻点头宛若回应；天宇下传来几声清脆的鸟鸣，与地上的杂花相映成趣，一同组成了早春轻快的序曲。

不知是树叶矫情的叹息还是鸟儿兴奋的歌声，惊动了草垛上休息的猫老大。它立刻睁开莹莹的绿瞳，拱起臃肿的身子，张开粉色的肉垫，不耐烦地咕哝几声，满脸怒气地向我们示威。直到我以"喵喵"几声猫语赔礼道歉后，它才重新蜷起身子，缩着脑袋，继续做它鱼虾乱舞的香梦。

身后传来一阵银铃般的欢笑，在这明净的春光里仿佛比水还要透明。回头一看，这些晚学归来的欢快小精灵又不知消失于何处。

妇女们三五成群地聚在一块儿，拉拉家常，打打毛衣；男人们或是打牌或是下棋，不时传来阵阵喝彩。各家的狗也暂时放下保家护院的重任，在空旷的田野里打打闹闹。等散场的主人一顿批评教育后，才垂下耳朵悻悻地回家。

家家炊烟袅袅，户户窗内飘香：东家在做红烧肉，西家在做清蒸鱼，隔河的一家还在包春卷……一到周末，儿孙归来，老人们最是忙得不亦乐乎！

走着，走着，小道的尽头，一幢熟悉的房屋映入眼帘，屋顶沐浴在温暖的阳光中，小院静卧在悠闲的白云下。我微微一笑，加快了脚步，向那里奔去……

036

我喜爱乡村生活

郭越博

放假了，我和爸爸妈妈趁着全家人都能休息的美好时光，来到妈妈的老家——内黄。在那里，我看到了独特、迷人的风景，感受到了在城市里从未有过的放松。

我们乘车来到姥姥家所在村庄的村口。下车后，放眼望去，只见小村周围都是庄稼，绿油油的麦苗生机勃勃。我们向村子里走去，一阵凉爽的春风迎面吹来，小麦频频点头，好像在欢迎我们的到来。

那一天，正好赶上村子里有集会，道路两旁早已摆满了摊位，卖衣服的，卖家具的，卖玩具的，卖农具的……真是琳琅满目，一应俱全。这么多卖东西的摊位，当然少不了前来购买的顾客啦！有的人在和卖衣服的讨价还价，有的人在给小孩儿买玩具，有的人在买农具……当然，我们也没闲着。在姥姥家稍微休息了一会儿，我们也加入了赶集的队伍，开始疯狂购物。不知不觉，我们在人山人海中逛了一上午。

午饭时间到了，家家都开始忙活起来。主人们献上自己的拿手好菜，盛情款待亲朋好友。午饭后，吃饱喝足的孩子们丝毫没有睡意。我和哥哥在村中的空地上玩游戏，跑到村子东边爬土山，到河里捉鱼虾。我最喜欢的就是爬土山了。土山上的土又松又软，踩上去，感觉比地毯还要舒服。我们和其他小伙伴一起在土山上做游戏、翻跟头、摔跤，一个个玩得满头大汗，灰头土脸的。太阳落山了，玩耍了一天的孩子们个个筋疲力尽，纷纷回家吃晚饭了。

晚饭后，老人们拿着板凳，到村西头看大戏。台上的人卖力地唱着，他们的声音响彻整个村子，台下看戏的老人一个个笑得合不拢嘴。11点，戏散了，村子里渐渐恢复了宁静，人们慢慢进入了梦乡。

泪水的味道

汴浩川

糟糕！摸遍了全身，也没找到公交卡，把当时还是一年级小学生的我急坏了！

吱呀一声，公交车已经靠站了。

怎么办呢？这时，我看见旁边有一颗小石子儿。蓦地，"聪明"的大脑灵光一闪，想出了一个傻主意。如果用小石子儿充当一元硬币投进票箱，能不能蒙混过关呢？我随手捡起它上了车。

哐……当……

"小朋友……"

我一下子怔住了："怎——么——了？"说起话来竟有些口吃。

"你往里面投的什么？"虽然司机叔叔还在驾轻就熟地开车，但我依然感觉到空气中弥漫着紧张的气氛……

"钱——钱哪！"我的脸上似有干柴在燃烧。

"钱？我怎么看见你投的是小石子儿？"

我的脸上似有干柴在猛烈地燃烧。

我把头压得更低了，虽然看不见，但我能感觉到其他乘客火辣辣的目光。

我手足无措地站着，乘客们在窃窃私语。

"呵呵！这小孩儿挺逗！"一个大人说，"他投了一个小石子儿进去想混上车。"

……

车厢里的窃窃私语，声声刺耳，我恨不得找个地缝儿钻进去。

"你要不说实话我就不让你下车……"司机叔叔略带嗔怒地说道。

"我今天上学时忘带公交卡，又联系不上父母，本想蒙混过关……"司机叔叔转怒为喜，微笑着说道："没带卡你跟我说呀，我会让你上车的。"他说着，从口袋里掏出了一块钱塞进了票箱。

在那一瞬间，我的眼泪像断了线的珠子，扑簌簌地往下掉。这眼泪不知是愧疚、是感激、是羞怯，还是没有被司机叔叔赶下车，可以回家的激动……

这件事过去整整四年了，每每回想起那幅画面，我心中总是充满

我为美丽而烦恼

顾晓纳

每个人都有自己的烦恼，我最大的烦恼莫过于残缺不齐的牙齿和那副架在鼻梁上的眼镜。每当我站在镜子前时，就会变得郁郁寡欢。

认识我的人都知道，我缺了一颗门牙。说起那颗"英年早逝"的门牙，还有一段故事呢！记得那天，奶奶做了我最爱吃的油炸鸡腿。在啃鸡腿时，因为用力过猛，只听"嘎嘣"一声，我疼得龇牙咧嘴、哇哇乱叫。低头一看，从牙龈上不断往外涌出的血溅了一身。就这样，我的一颗门牙提前"下岗"了。

如今，我的牙龈上少了一颗牙齿，而边上的几颗恒牙也迟迟没有动静，至今没有冒出来的迹象。数一下，我总共缺了4颗牙。在镜子前，我就像一位牙齿都掉光了的老太太。唉，我日思夜想，就盼着我的新牙能早点儿"破土而出"。

除了残缺不齐的牙齿，重重的眼镜也是我很大的烦恼。

听妈妈说，上小班时我就戴上了眼镜。虽说眼镜是我形影不离的伙伴，可我却总是盼望能早日甩掉它。遗憾的是，我左眼得的是远视，医生说，等到十二岁时，我的眼睛就发育完成，想矫正都矫正不了了。听他这么一说，我觉得自己就像童话里被诅咒了的公主。为了让我得到最好的治疗，妈妈可以凌晨4点就起床带我到上海去找专

039

家，买眼镜时，她也尽量给我选最轻最薄的。可即使这样，我还是觉得眼镜压在鼻梁上好重呀，而且——还很难看！

以上就是我的烦恼。我打心眼儿里盼望着能够长出新牙、脱下眼镜，重拾美丽！

我 的 理 想

叶娟娟

每个人都有自己的理想，我也不例外。小时候，在我那小小的百宝箱中，也装着五彩缤纷的理想。

在我五岁的时候，常常跟着奶奶去市场买东西，去市场要经过一家糖果店，店里有各种各样包装精美、口味独特的糖果，馋得我直流口水，我总要缠着奶奶多买一些。那时候，我就幻想着当糖果店的老板多好啊，可以整天泡在糖果堆里，爱吃啥就吃啥。不过，这个幻想很快破灭了，我的牙禁不起"糖衣炮弹"的侵蚀，成蛀牙了，疼得我再也不敢上糖果店了。

上小学了，我又有新的想法，当一名无所不能的巫师。那会儿都在流行看《哈利·波特》，我跟着这股热潮，一口气看完了原著及电影，成了名副其实的"小哈迷"。我时常拿着扫帚在家里"飞来飞去"，把吵得妈妈整天不得安宁。她把我狠狠地骂一顿，我吓得不敢再胡闹了。

读三年级时，我从电视里认识了羽毛球明星林丹，林丹那轻巧灵便的身姿，那一扬一扣的优雅动作，看得我惊叹不已。我深深迷上了羽毛球，想象着未来自己也可以当一名羽毛球运动员，可以参加奥运会。于是，一有空，我就央求妈妈陪我打羽毛球。没想到，好几次我竟把球拍线都打断了，姐姐经常大声取笑我："你那么矮，还打羽毛球，还想当冠军，真是好笑。"没多久，我自暴自弃，又把这个美梦抛到九霄云外去了。

我现在的理想是当一名受同学们欢迎的老师。从小到大，我接触过好多老师，有年龄较大的，也有年轻的，她们教我如何做人，传授给我许多知识。在我眼中，老师是多才多艺的，是神圣的。虽然我知道，要当一名出色的老师，就得比别人更努力，刻苦，只有拥有渊博的知识，以后才能让我的学生们信服、爱戴。我一定要努力，一定要加油！

有理想陪伴的日子，生活过得特别充实、快乐！也许今后我的理想还会改变，但我深深知道，把握好每一个今天才是最重要的。每天，我都会对自己说："加油，为了自己的理想！"

大店没有小店大

孙　燕

我家附近有一家大商店，不远处又有一家小商店，大商店里的东西琳琅满目，小商店里的东西不像大商店那么种类繁多。所以，大商店里有很多人光顾，而小商店的顾客却不多。但是，我却对小商店情有独钟，因为我喜欢这小店的阿姨。

去年母亲节，我想给妈妈买一件礼物，给她一个惊喜，于是，我拿上了自己的零花钱走进了大商店。到了柜台前，我一眼就相中了一根精致的棒棒糖，嗯，就买它了。可是，当我向售货员阿姨说我要买它时，阿姨竟然理都不理，喊了好久，她才瞟了我一眼，不耐烦地说："没看我正忙着呢，先等着吧！"说完，又忙她的去了。我又等了好久，阿姨却只顾着向别的顾客推销商品，根本不搭理我。我无可奈何，只好去了不远处的小店。小店虽小，里面却很整洁、干净，货物摆放得井井有条，布置得很讲究。一位阿姨正忙着统计商品，她留着一头卷发，两眼炯炯有神，嘴角挂着淡淡的微笑，上身着一件浅黄色的外套，显得朴素大方，见我进来，便和蔼地问："小朋友，你想买什么呀？""嗯……我想给我妈妈买一支棒棒糖，因为今天是母亲节。"我说。她一边拿糖一边说："哇，你太孝顺了，小小年纪就知道给妈妈买礼物了，你妈妈一定很高兴的。"说完递给我好几颗棒棒糖："你挑挑，有好几种不同的口味呢。"我开心地挑了妈妈最喜欢的橙子口味。付过钱后，阿姨把找的零钱塞到我手里，说："小朋友，要拿好你的钱啊。"我谢过阿姨，走出小店，心里很温暖。在我心里，小店比大店还大。

为 我 点 赞

刘柏君

"妈妈快上微信，给我的作文点赞！快点儿！快点儿！要是我的作文不能发表，可要怪你啰！"

周三的下午，我怀着兴奋的心情小跑着回家，一进门便迫不及待地向妈妈嚷嚷起来。

上个周末，我写了一篇作文《假如我是校长》，投稿参加《新家长报》的"微作文"大赛，编辑老师选中了我的作文作为候选作品之一，能不能发表还得看读者们阅读后的点赞数量，进入前五名的作文才能发表在《新家长报》上。在刊物上发表作文可是我梦寐以求的事，我要抓住这个好机会，好好宣传自己的"大作"，让亲戚朋友全都来为我点赞！

了解了"微作文"的比赛要求后，妈妈拿出手机，登录微信，扫描并关注了公众号"新家长报"，然后进入"微作文"的界面，找到了我的习作。妈妈绘声绘色地读了一遍我的作文，夸道："女儿，写得真不错啊，想象力这么丰富！妈妈当然要给你点赞啦！"说完，妈妈毫不犹豫地为我点了一个赞。看着我作文的第一赞，我喜滋滋地笑了。紧接着，爸爸也为我送上了一个赞。

"女儿，仅仅凭借我们一家三口的力量怎么行呢？"妈妈立刻把这个消息发到了朋友圈，让她的同事、朋友都来阅读我的习作，为我点赞。没过一会儿，我便收获了八个赞，暂时排名第一。我不禁暗暗高兴起来，仿佛看见自己的习作已变成铅字，发表在了《新家长报》上……

晚饭后，我的点赞数已升至二十个，真不错啊。可是，另一个叫唐宇佳的小朋友的点赞数也在不断增长，看样子，她会成为我的竞争对手呀！爱女心切的妈妈急忙给自己的好朋友打电话："喂，小玲，我家君君的习作……麻烦你点上一赞哟！"

此后几天，我和我的习作成了亲朋好友关注的焦点，他们纷纷为我点赞、留言，热情地鼓励我。那情景，真让我感动。

每天早上，我一打开微信，就会发现已经有人给我的作文点赞、留言了。周老师的好朋友于叔叔每天早上5点多钟就起床了，他起床后的第一件事就是为我点赞、留言："小妹妹，真不错，文笔优美！""刘柏君，加油哦，不要辜负妈妈对你的一片期望。"他也因此被周老师戏称为"最敬业"的读者。五一节，爸爸的同事到我家来小聚，经过爸爸的一番"推销"，这些平时都大大咧咧的男人们也乐呵呵地掏出手机为我点赞。看着大家都这么关注我、支持我，我真开心！

5月3日，投票结果见分晓了，我以两百二十票名列第三。我的习作可以发表了！我终于如愿以偿地把文章发表了！

深夜心情

邱立红

044

夜来得太突然了，我没有丝毫的准备，那种黑暗将人吞没其中。

我一个人在大街上慢吞吞地走着，脑海中却闪过妈妈分配任务时那狡黠的目光，似笑非笑的神情，我心中一阵气恼。那分明是设计好的，算准我会不服输地接下这个任务。

抬眼望望周围，墨一般的颜色，偶尔有几声风吹过的响动，却转瞬即逝。我终于压抑不住心中的恐惧，快步奔跑了起来，风在我耳边呼啸而过，周围的景物在快速地倒退，一切都在与我背道而驰，飞也似的迎过来又快速地逃掉了。终于，我累了，弯下腰，屈着腿，双手支撑在腿上，呼哧呼哧地喘气。

再抬头看，仍然是一眼望不尽的墨色。深夜的寂静给我以无穷的心理压力，身体像陷进了沼泽地，再也挪不动半分步子。心在极平静的时候，乱起来了。深夜一人的孤寂与周围环境的冷清一起涌上心头。树叶飒飒地发出响声，前方没有目标，后方没有退路。我迷茫了。

不对！想那么多干什么，你只需记得，这条路是回家的路，你要做的就是一直沿着这条路走下去，然后回家睡觉。我这样告诉自己。

又抬头看，却是另一番景色。即使在深夜，仍然有几户人家开着灯，明亮闪烁地布在黑夜里，像萤火虫的光芒，那么美好，这给了深夜回家的人几多安慰，几多欣喜。

生命是条河，无论深浅都得过。人生在世，多少沉浮伴随你左右？但不管在山顶还是在低谷，我们都要有一双积极的眼，一颗乐观的心。

听，那沉默的声音

陈　露

听，那沉默的声音……

听那"急湍胜箭，猛浪若奔"。蓬勃的朝气，向上的活力，带我们的心灵一起跳动。

听那"海内存知己，天涯若比邻"。感受那高远的志趣和旷达的胸怀，抚平我们心中伤别的涟漪。

听那"日出江花红胜火，春来江水绿如蓝"。那份美好，那份祥和，赋予了我们冷静的思想。

听，大海的雄伟，那是一滴滴水珠凝聚而成的。它可以像雄师般咆哮，惊天动地；也可以像丝绸般柔顺，心旷神怡。奔腾，那是流水的张扬之音，像狮虎般奔跑怒吼，带给人以激情澎湃。流淌，那是流水的寂静之声，像黄鹂般轻声歌唱，停止了我们的年少轻狂。

听，流水。感受这生命之源，从我们呱呱落地那一刻起，便与我们结下了不解之缘，它激励我们去拼搏。它在我们孤独时，给予我们温暖，让我们一辈子去珍藏。它让我们在坎坷中坚持到我们成功的时候，那将是一段流光溢彩的岁月，那将是一个熠熠生辉的时代。它安静流过的样子，赋予我们坚强、乐观、执着的品质。

亲近一泓清泉，听它静静地诉说。

走进一条小溪，听它愉悦地歌唱。

跃进一片海洋，听它坚强地嘶吼。

听，那沉默的声音……

用心去倾听吧！自己轻微的呼吸声，甚至含苞待放的花骨朵儿的簌簌声，只要你愿意，什么都能听得到。

人世间有多少隐藏在平凡声音中的美！只有用心，才能感觉到。屏息凝神，敞开自己的心扉去倾听吧！我们在为年少的美好而努力，我们在为年少的美好而呐喊！

情在不言中

王子鉴

我爱我家。

在我的印象中，爷爷满头白发，腿脚不方便，也不善言辞。因为我上学时间紧张，除了节假日我很少去爷爷家。每次去爷爷家，爷爷总是在忙活，很少说话。因此我与爷爷之间不是那么亲密。

上个星期的一天，爸爸妈妈要去南阳，让我第二天中午到爷爷家吃饭。第二天一大早，天刚蒙蒙亮，一阵"丁零零，丁零零"的铃声打破了一室寂静。过了一会儿，我听到爸爸挂断电话，对妈妈说："他爷爷一大早打电话，就是为了问孩子喜欢吃什么，这才6点半，就考虑午饭了。"我不由得一惊，爷爷这么早就开始为我的午饭做计划了呀。

中午放学一走进爷爷家，我就闻到了一股诱人的饭菜香。爷爷见我进来了，笑眯眯地望着我说："快吃吧，等会儿饭菜就凉了。"哇！好丰盛呀！又香又脆的炸大虾，又软又嫩的清蒸鲈鱼，又糯又鲜的萝卜炖五花肉，还有我的最爱——蒸面条。我正准备下筷，却发现不太对劲儿。"人呢？"我疑惑地问爷爷，"叔叔婶婶呢？奶奶呢？"爷爷听了依旧乐呵呵地看着我："你叔叔婶婶上班了，你奶奶回老家了。"我听后愣了一下，只有我们两个人，爷爷却做了满桌丰盛的饭菜。我眼前浮现出一幅幅画面：清早，爷爷拖着病腿蹒跚地去菜市场买鱼，挑虾，称肉；爷爷双手扶着楼梯，一步步艰难地上楼；爷爷一个人在厨房做饭，忙得满头大汗……这时，爷爷打断我的沉思："怎么不吃呀？快吃吧！"我忙拿起筷子，低头一看，我的碗里已经被爷爷夹来的鱼、虾、肉堆成了"小山"。

没过多久，我就吃得嘴儿油，肚儿圆了。爷爷却没怎么吃，一直笑呵呵地看着我，不停地往我碗里夹菜。我连忙对爷爷说："我吃饱了，不用给我夹了。"爷爷却说："多吃点儿，长得高！"边说边继续给我夹菜。看着爷爷期待的目光，我坚持把菜吃完了，爷爷心满意足地笑了。

吃完饭，我要收碗，爷爷忙拦住我："不用了，我来收，你去玩会儿吧！"我坐在书桌前，心中久久不能平静。回想起以前，听说我要学习钟表读数，爷爷辛辛苦苦为我做好钟表学具送到家里来；知道我喜欢吃香菇，爷爷晒了很多香菇给我送来；为了给我治咳嗽，爷爷顶着烈日骑着自行车到附近农村丝瓜地里给我接丝瓜秧水。爷爷虽不善表达，但他的爱在不言中。

晚上回到家，我对爸爸妈妈说："咱们有空多去爷爷家看看他吧。"

妈妈，我错了

林 雪

048

在别人眼里，我很幸福，因为我有爱我的爸爸妈妈，有一个充满爱的"港湾"。实在令人羡慕呀！可是，我的"港湾"并非像在别人眼里所看到的一样美满、幸福、快乐，也有"上嘴唇和下嘴唇打架令我悲伤的时候"。

事情还得从上周说起：

上周五晚上，正在躺着休息的妈妈对写作业的我说："某某（我的乳名）这周末去把头发剪掉吧。往后学习越来越重，就没有时间扎头发了。"我一想，是啊，于是便"嗯"了一声。谁知，到了周六天气有点儿凉，我便要去剪头。妈妈又对我说："过几天吧，今天有点凉，万一着凉了怎么办，等天气暖和一点儿再说吧。"我一听妈妈又说不剪了，顿时气不打一处来，对着妈妈吼道："当初是你让剪的，现在又不同意了，你想干什么呀？真是的。"说着我便阴沉着脸跑到了自己屋里，把门反锁了，不再和妈妈说一句话。

过了一会儿，弟弟跑过来隔着门问我："姐姐，妈妈要去昌城，你去不去？"我生气地说了一句："爱谁去谁去，我才不去呢！"妈妈便和弟弟去了，爸爸也去工作了没在家，现在只剩我一个人在家了。我当时就在想：世上哪有这样狠心的妈妈，还世上只有妈妈好呢，根本就一点儿也不好。甚至有时我自己都怀疑我到底是不是我妈妈亲生的？而在别人眼里，为什么我妈妈是那么的和蔼可亲？

我和妈妈怄气一直到现在，没跟妈妈说一句话。但是，在吵架的这些天里我每次早上起床依旧能吃到热腾腾的早饭。这些在我眼里却都成了浮云。现在我真正感到自己错了，妈妈是为了我好，而我却把妈妈的一片好心当成了驴肝肺。我真恨我当时没冷静下来想一想。

在这夜深人静的夜晚，我依旧在写作业，以前没和您吵架的时候您总是陪着我写完作业，因为我不和您说话，您也不再过来陪我了，我知道是我伤了您的心。我此时觉得特别孤单，从头到尾比泼了一盆凉水还凉。

049

妈妈，在此我想借这个写作文的机会，衷心地对您说一声"对不起"，我不应该顶撞您，更不应该和您怄气。妈妈，您在借我一万个胆我也不敢了。那是我一时没能控制住才顶撞了您，请您原谅。妈妈，我知道您会原谅我的对吗？妈妈，谢谢您，谢谢您对我的养育之恩，谢谢您为我所做的一切。妈妈。您辛苦了！我要努力学习，努力让您不再受苦，把您对我的爱，翻倍给您。妈妈，我爱您！你是我的一生，您是我的全部，您是我今生今世最大的财富，是我未来路上的"保护伞"，是我未来的"引路人"，是我患难时的"避风港"。望着窗外闪闪发亮的星星，它们仿佛在对我说："好样的，知错就改，知恩图报，你是个好孩子。以后，不要再鲁莽了。妈妈所做的一切一切都是为了你，无论在何时何地妈妈始终都是爱你的，不要怀疑妈妈对你的爱！"我惭愧地低下了头。

家，是每个人成长不可缺少的重要组成部分；家，是温馨的港湾；是避风港；是充满亲情的地方。正是有了家人的关心，父母的百般呵护，才让家才充满了爱。

这 就 是 我

宦艳彤

镜子里是一个小女孩儿，不长不短的马尾辫儿，微微扬起的眉毛，一双稍小的眼睛，高高的鼻梁上架着一副眼镜。

她是个性格多变、古怪精灵的小女生。

路遇可怜的老乞丐，她会毫不犹豫地掏出零花钱："给您，买个热包子吧。"遇到四肢健全的中年乞丐，她同样毫不犹豫扭头就走："自己可以用双手去生存，为什么想不劳而获？知不知耻啊！"

她不畏"强敌"！"你帅，你帅，头顶一棵白菜，腰缠一根海带，以为自己东方不败，其实只是衰神二代。"她的堂姐一进门，就满脸瞧不起人，趾高气扬的样子。她心里愤愤不平：哼，等会儿给你点儿苦头尝尝！她想了想，"讨好而真诚"地掏出奥利奥说："姐，这是你的最爱，请慢用！"堂姐"哦"了一声，看都不看，拿过就吃。"什么破东西！怎么这么难吃？"堂姐的抱怨，塞满了整个客厅。"不好吃？姐，那我给您捶捶背，以示歉意哦。"果然是自高自大的猪头一个，堂姐居然没用脑子想一下又答应了。堂姐懒洋洋地趴在床上，她立即用力往堂姐身上一骑，得意扬扬地说："姐，你真馋，奥利奥的牙膏也吃啊。妹妹我只是为了整你一番，整……一……番！"说完还抖抖身子，气得堂姐五官变形，疼得堂姐无奈告饶。

她最喜欢语文课，但就是不敢站起来回答问题。每次上课，她都在心里鼓励自己：站起来，加油！你能行！可每次都是腿脚发软，站不起来啊。

她很为自己的姓氏骄傲："大明正德年间，由皇帝赐姓于太保，太保满门姓宦，宦姓开始盛行。据清代《姓氏五书》载：宦姓当取义于任宦，不以阉为姓。今贵州遵义俱有此姓，江苏丹阳、江都亦多。又《姓苑》载：宦姓，望族出东阳。"

怎么样，厉害吧？她就是我。

承　诺

051

付雨阳

你注视着我，眼中流露出愧疚与不舍，但又似乎想到了什么，眼神随之坚定；

我注视着你，看你饮下那杯酒，心随之死去，当日的承诺，也如明日黄花，不复当初。

——题记

我是一把剑，出自天下第一铸剑师欧冶子之手，因在湛卢山上炼成，故名曰"湛卢"。

我屡次易主，总是躺在盒子中不见天日，直到遇见了他——岳飞。

那天，岳飞带着几位兄弟来到兵器铺买剑。良久，店主人打开盒子，将我捧了出来。当听见"这就是失传多年的上古名剑'湛卢'"时，我明白自己碰上了知音。店主人双手捧剑，把我庄重地递给岳飞，说："这剑被埋没多年，无人能识，今天才算遇到它真正的主人！请你收下它，别负了湛卢之名！"岳飞点点头，轻抚着我的纹路，以坚定的语气许下承诺："湛卢，只要我还活在这个世上，就定会让你绽放光彩！"

岳飞带着我平定王善叛乱，却因奸臣当道，没有得到重用，只好回到老家汤阴县整日练习武艺。北宋灭亡后，康王赵构逃回南方，即位为皇帝，召集四方兵马勤王。岳飞也在这时被举荐，得到了上面的赏识。十多年间，他同金军进行了数百次战斗，所向披靡，官至相位。他率领的岳家军号称"冻死不拆屋，饿死不掳掠"，金人之间也流传着"撼山易，撼岳家军难"的感慨。

可正是由于岳飞掌握了一定的兵权，以至于皇上和奸佞都想除掉他。果然，大胜金兀术之后，皇帝用十二道金牌招岳飞回京。京城是回了，他却不明不白地锒铛入狱。公元1141年，奸臣秦桧以"莫须有"的罪名给了岳飞一杯毒酒，命他自尽。他拿起酒杯，对我说："湛卢，对不起，没能兑现我们之间的承诺。"语尽，杯中酒，亦尽。看着他缓缓倒下，我的剑心亦碎。

我不懂，精忠报国的岳飞为何会落得这样的下场。

我只是一把剑，人世间的很多事情想不明白。我只是希望，在另一个世界里，我们能继续并肩作战，兑现我们之间的承诺！

给自己一个梦想

贾伟娜

人生总要有一个目标，而那个目标有一个很美的名字——梦想。因为有了它，许许多多的生命轨迹才璀璨耀眼，五千年的中国历史才厚重多彩。

因为有梦想，才有李白"天生我材必有用，千金散尽还复来"的洒脱旷达，才有曹操"老骥伏枥，志在千里"的英雄豪气，才有陆游"王师北定中原日，家祭无忘告乃翁"的忧国忧民。他们各自的梦想，指引着他们走完人生的里程，也铸造了一个个流传千古的佳话。

我的梦想很普通，我想当老师，就像我们语文老师那样，用自己独特的方式教学。我会抛弃那些所谓的中心思想、段落大意、写作特点，这些东西，恐怕连写文章的作者自己都没想过，可我们却硬要给它们加上，不是很荒谬可笑吗？学语文，靠的是兴趣而不是死记硬背，让学生学会欣赏语言和文字的魅力，培养语文素质和修养，这才是一个语文老师应该做到的。如果我长大了当了老师，我一定会去尽力实现我现在的想法。

梦想是一个人前进的动力，我也要向我的梦想进发。可能在这个道路上会遇见很多困难，但我不怕失败。反而我很庆幸，我曾拥有梦想并为之付出过快乐与希望。

　　岛田洋七的阿嬷说过："一个人到死都要有梦想，没实现也没关系，毕竟只是梦想啊！"的确，梦没实现没关系，只要我们曾怀揣着它努力过。近代中国曾腐败落后过，但它一直没有沉沦，为什么？因为有一群人他们有梦想，梦想着中国有一天再屹立于世界的民族之林。他们把这个梦想付诸行动，于是中国一声怒吼，世界为之颤抖。

　　我们的梦，也是中国的梦；我们是中国的新一代，是中国的未来，我们也会为祖国的复兴和繁荣昌盛而努力。

　　梦想可以渺小，可以普通，但绝不卑微。我会带着我的梦想上路，吾愿吾梦，终能实现。

枕头里的爱

张丽锦

054

　　"你这丫头，可真不是盏省油的灯！"奶奶时常一边抱怨着，一边宠溺地捏捏我的小鼻子。

　　我从小睡觉不老实，常常是睡前盖得整整齐齐，一觉醒来，被子、枕头都被我驱逐出床。我的鼻子自然就发生"交通堵塞"，感冒稍微严重点儿就不得不去医院看病、打点滴。为此奶奶没少着急，她苦思冥想终于想出了解决之道。每天晚上我上床睡觉前，奶奶都要严阵以待——在床边围上一排靠背椅当"哨兵"，床的左右两边各堵上两个枕头，床头堆上两三个枕头。有了这"三重保险"，我晚上睡觉终于不会着凉了。

每到秋天，我经常会流鼻血。有一次，奶奶带我去看医生，医生说我内火太旺，建议我多喝菊花茶去火。奶奶听了，立刻摇头："菊花茶她也喝了不少，根本就不管用，还有别的办法吗？"医生笑着说："那我只能建议您给她缝一个野菊花枕头试试看。"出了医院奶奶打发我先回家，说她还要出去转悠转悠，顺便买一些东西回家。

中午，我和爸爸妈妈的午饭都快吃完了，奶奶才气喘吁吁地回到了家。我一眼瞅见她的怀里还抱着一个鼓鼓的塑料袋，便好奇地问里面是什么。奶奶得意地说："今天，我可找到了一块风水宝地！小河的对面有一块荒地，野菊花特别多。明天，我还得准备一个大袋子再去摘一些野菊花。"看着她那孩子般的得意劲儿，我的鼻子有些发酸。那么远的路，那么热的天，奶奶这么胖的身体……接下来的一个星期里，奶奶像一只蜜蜂一样，整天围着花儿打转转，摘呀，晒呀，收呀……菊花枕头做好了，蓬松松的，还散发着幽幽的菊花香。还别说，自从有了这个菊花枕头的陪伴，以后的秋天里我再也没有流过一次鼻血。

光阴似箭，秋去冬来，奶奶又托乡下的亲戚给我买了几斤上好的棉花，重新缝制了好几个大枕头；春去夏来，奶奶又满大街地给我挑选轻薄、透气的凉枕。

随着季节的变换，我的枕头换了一茬又一茬，唯一不变的，是枕头里奶奶对我深深的爱。

耳畔笑声

王 浩

是不是只有失去，才会懂得珍惜。

——题记

我亲爱的前同桌，不知你现在是否和我一样身处考场，不知你是否还是那么爱笑，更不知你是否还记得我。可是，为何你的笑声总在我耳畔回荡。

记忆中，你总是那么开朗，嘴角永远都保持上扬，就像你的名字一样，"阳"，阳光。你总是说："人生那么漫长，干啥总是悲伤。"再配上你那夸张的表情，总能让人捧腹大笑。你是那么活泼，让人记住你便不能忘却。你是标准的文科女，脑子里总有我无法理解的诗文，你的数学却总是那么烂。

记得有一次，考试成绩刚发布下来，我盯着语文试卷上那百思不得其解的红叉叉，而你却对着那"悲惨"的数学成绩大笑起来，我问："你笑什么？"你说："人家想哭的嘛，可是哭不出来，就用笑代替了。"看着你那夸张的笑脸，我压抑的心情也爆发出来，然后演变成全班盯着我俩大笑，不知为何也都笑了起来，最后整个学校都沉浸在我们班的朗朗笑声之中。

记得，你要转校前几个星期，突然变得安静起来，不解其故的我还说："怎么，最近流行文雅风，把你都染上了？"突然，你绽放出一个大大的笑容，说："才没有，什么风能感染本小姐。"我看着你那勉强的笑容竟有种不好的预感。果然，老师说出了你要转校的事，我一听，鼻头涌过一阵酸涩，眼球里充满大大的泪滴，你一看，说："哭什么，还亏你跟我做了这么久的同桌，怎么还没传染我良好的基因呢？来，给姐笑一个。"我便笑了出来，一滴大大的眼泪滚到我的嘴角旁，我尝了尝，是涩的。

你知道吗？我终于学会了你的笑容，当想起你时，我会用笑容来抵挡回忆的苦涩，每当遇到困难时，我的耳畔总会响起你的笑声，陪着我一同走过人生。

箍　牙

曲素颖

不知道妈妈是怎么想的，硬是让我去牙齿整形，叫什么箍牙。我烦得直叫唤：整什么整？我的牙齿钢钢的！咬苹果咔嚓一大块，啃排骨干净又利落，嚼黄豆咯嘣咯嘣响，就差没嚼碎一颗山核桃了！只要能大快朵颐吃东西，我才不管什么美啊丑啊的。可是妈妈大人的有些指令，"儿臣"真是违抗不了，于是我只好"唯命是从"。

到了医院，医生让仰躺着不准动，张大了嘴不准合，还要反复地漱口。一会儿牙齿就疼痛发麻，仿佛不是长在自己身上。一番折腾下来，好端端的牙齿被套上了一圈钢线，难受极了。临走之际，医生还再三嘱托：不可以吃硬东西，不可以喝酸奶，不可以吃甜食，每次刷牙至少五分钟……这可真要了我的命，还不如让我绝食呢。

回去后，老妈在家里处处设防，让我少接触那些禁食的东西，眼不见嘴不馋。但无法忍受的是，跟老妈逛超市。一看到那美味的鸡爪，我口水就往下流，刚要冲过去，就瞥见老妈那警惕的眼神，我立马泄了气；冷饮区里看见最钟爱的柠檬味酸奶，还没伸手，就听见妈妈大人那冷峻得不能抗拒的提醒："忍忍，等过了这段时间，管你喝个够。"忍忍忍，"忍"字心头一把刀啊，叫我怎能忍得住啊！

啊，是可忍孰不可忍？俗话说，"民以食为天"，没有了我心爱的零食，我的生活黯淡无光。"我！的！牙！齿！"我对着我的狗狗喊，吓得它一头钻进了床底下；我对着阳台那盆法国球兰喊，吓得她花枝乱颤。我想对着老妈喊——但不敢，违抗了"圣旨"，再也没有零食吃了怎么办？

自从箍了牙，我有点儿不太愿意出门，生怕一不小心，露出满口狰狞的钢牙，吓着了谁。最主要的是，怕引来众多好奇的目光，把我当怪物看。

我领教了被拘束的痛苦，终于明白，自由是多么可贵。我想到了爷爷为我抓来的不知名的小鸟，它被关在我为它准备的"舒适"的鸟笼里，不敢随便叫，不能随意飞。我再一次走近看它，竟从它的眼神里看出了怨恨和绝望。

我打开鸟笼，出口对着推开的窗户。小鸟"嗖"的一下飞走了，丝毫不留恋我和它的美食。但我一点儿也不心疼和惋惜，是箍牙，让我懂得了更多……

爷爷的三轮车

李翊君

三轮车，在农村是一种常见的交通工具，对我来说也是那么熟悉，因为我是在爷爷的三轮车中长大的。小时候，爷爷常常骑着三轮车带着我和妹妹去串门、逛街。上学了，三轮车成了专门接送我们的工具。

每天早晨，当清脆的车铃声响起的时候，我们便踏上爷爷的三轮车，一路晃悠着去上学。傍晚，在校门口，我们总是开心地扑向爷爷，三轮车也发出了欢快的响声。

可是，岁月总是那样不饶人，三轮车渐渐旧了，爷爷也一点点老去，我再也见不到他那挺拔的脊背了。

那天雾很大，爷爷照常带我和妹妹去上学。当雾水沾上爷爷的眉毛时，我觉得爷爷一下子苍老了很多。在白茫茫的大雾中，爷爷那佝偻的身子弯成了一张弓，双脚因用力而显得格外单薄。我突然间发现我是那么不懂事，好几次，当爷爷气喘吁吁地把我们送到校门口的时候，我却因为他骑得慢而很不开心。雾气顿时蒙上了我的眼睛，于是我跳下车子，轻轻地帮爷爷推着。机灵的妹妹见了，也跳下了车，对我说："姐姐，我帮你！"爷爷转过头，看见我们的样子，连忙心疼地叫我们上车，还故意板起了脸吓唬我们。我知道，爷爷是怕我们累

059

着。从那以后，我就和妹妹悄悄地约定，每天轮流给爷爷推车子，好让爷爷轻松些。

如今的我已经五年级了，再也不用乘坐爷爷的三轮车去上学了。但是只要一有空，我就会坐在三轮车中，听着车子那吱呀吱呀的声音。

三轮车，载着爷爷给我们的爱，一路走来。这份爱，简单却又厚重。爷爷，我长大了一定要好好报答您！

当作业落在学校之后

张冰寻

"放假啦！"同学们欢呼起来，个个手舞足蹈。

随着校门缓缓打开，一位位家长匆匆来到孩子所在的教室，规规矩矩地排好队，等待签字接走孩子。我的爸爸妈妈因为有事都不在家，妈妈就请我同学的妈妈——"香妈妈"来接我。我收拾好书包，跟着"香妈妈"一起兴高采烈地回家了。

第二天，我起床、洗脸、刷牙，一切完毕之后，我打开书包，拿出作业清单准备做作业。"咦？我的《快乐语文》和《有效课堂》两本作业哪儿去啦？"我疑惑地问自己。该不会是收书包时粗心大意，把作业落在学校了吧？我向爸爸妈妈求助，得到的回答却是——自己想办法解决。

做不了家庭作业，怎么向老师交代呢？我开动脑筋，思考着解决的办法。

办法一：找同学借来复印或者抄写；办法二：到书店借来复印；办法三：上网搜索一下，再打印出来；办法四：到学校找老师取回作业本……

办法想好了，可落实起来还真是不容易。找同学借吧，有点儿不好意思，但我还是硬着头皮去了。没想到，同学的动作那么快，已经做了一部分，如果全部重新抄写，那就太麻烦了，我只能放弃了这个办法。爸爸带我到"三味书屋"去了一趟，老板遗憾地告诉我，作业书的季节性很强，一般期中考试之后就下架了。前几天，他刚刚进行了"过季退货"，我要的书已经没有了。

看来，我只有用第三个办法——上网找了。我来到爸爸的单位，爸爸让我自己搜索。我刚刚才学会拼音打字，花了不少时间才在搜索框中慢慢打出"《快乐语文》第32课作业"和"《有效课堂》第32页、第33页"两句话，可搜索到的结果都不是我想要的。换了几个关键词，仍然没有搜索成功，这个办法还是行不通。

最后，只剩下找老师这一条路了。可找老师的话，我怕挨批评，怎么办呢？想来想去，没有更好的办法，我只能硬着头皮借妈妈的电话给班主任李老师打了个电话，询问教室门钥匙的下落。因为已经放假了，李老师出远门了，我几经周折，才取回了作业书，心中的石头总算落了地。

真没想到，我的粗心给自己带来了这么多的麻烦。这毛病，不改真是不行呀！

榜　样

李玫玫

每当我看到舞台上那些年轻的演员，我便想到了我的同学陈昊。她弹得一手好琴，而且去参加过许多演出、比赛。她是我心中的榜样。

她个子不算高，也不算胖，指腹上满是茧，两只眼睛也因看谱而戴上了一副眼镜，但是总闪烁出智慧的光芒。她以优美的舞姿、动听的钢琴旋律，理所当然地成为了文艺晚会上的公主，也成了老师和同学们公认的"文艺之星"。

文艺表演是学校最重要的文艺演出项目。这时，会演开始了。到第五个节目时，一些嘈杂的声音在后台响起。仔细一听，我才知道下一场要表演的陈昊因为生病还没有来。这时后台不知谁出了一个主意："下一个节目先演吧。"大家这才松了一口气，正当主持人要报幕的时候，突然一个身影跑到了台下说："对不起，我因为生病来晚了，你现在可以报我将要弹奏的曲目了。"主持人开始报幕："接下来有请陈昊同学为我们弹奏钢琴曲《珍珠》。"

她走上台，向大家鞠了一躬，走到座位上，开始演奏。优美的旋律使大家听得入神，她自己也入了神。旋律忽快忽慢，音符也在纸张上连成线画出一串连成线的珍珠。正当观众们沉浸在聆听这一串完整的珍珠的曲调时，那串珍珠忽然断了线。珍珠落地的旋律响起，旋律也变成了一颗颗的珍珠发出叮叮咚咚的声音。最后那旋律渐渐地慢了下来。

曲毕，她转过身来，仔细一看，我才发现她额头上布满了像珍珠般的汗水，两手也不停地微微颤抖着。但是她努力地支撑起身子，慢慢地走到舞台中间向大家鞠了一躬，微笑着走下台。看着她这副模样，大家的脸上满是担忧的表情。她没走几步便晕倒了，还好有同学在她的旁边，搀扶着把她送到了校医室。等到主持人报下一个节目时，观众才回过神来，这时全场爆发出经久不息的掌声。

在掌声中，我觉得她的形象越来越高大，越来越高大，需仰视才行。我要把她作为我的榜样，向她学习，争取也成为技艺精湛、意志坚定的人。

电视机前的一家子

弓卓佳

我有一个幸福的、充满爱的家庭，温馨的爱充满家里的每一个角落。

每个星期五的晚上，当繁星点点装饰着深蓝色的夜空，一轮银盘似的月亮在夜空中散发出皎洁的月光，月光普照大地的时候，我和爸爸妈妈就其乐融融地看着电视。

妈妈拿着遥控器寻找着黄河卫视，终于找到了，我和爸爸妈妈聚精会神地看着其中所讲述的故事情节。

这时，电视上播放的是一个十岁左右的小女孩儿，在放学回家途中被一个陌生人带到一个偏僻的地方残害了，他的父母非常伤心……妈妈看完后，便喋喋不休地对我说："女儿，如果你遇到陌生人不要吃他的东西，也不要跟他说话啊！"我认真地点了点头。

"你看这个小女孩被残害，他的父母是多么伤心啊！所以你不要乱出去跑啊！"妈妈毫不疲倦地说道，"你以后不能一直往外跑了啊……"我不耐烦地说道："好了，好了，知道了。"

爸爸也说："儿啊！你妈说得有道理，你一定要记住啊！"

我实在忍受不下去了，便出了家门去散步，我刚出门就想："怎么可能出现这种情况，真是杞人忧天！"

过了十几分钟，我回来了，我看见爸爸正要出门，我跑上去问："爸，你要去哪儿？"爸爸说："我见你这么久都没回来，还以为你丢了呢！"我笑着答道："我都大孩子了，怎么可能丢了呢？"

望着爸爸那充满担心的眼神，我想到了妈妈对我说的话，顿时心潮澎湃："爸爸妈妈对我的唠叨是出于他们对我深深的爱呀！"想着想着，我便流下了一滴滴饱含幸福的泪水……

家是我温暖的港湾，是爱的发源地。我爱我充满和谐的家。

品书中佳肴，享人间美味

罗宇馨

听妈妈说，我一岁时"抓周"，左手抓了一本书，右手抓了一支笔，任谁掰我手心，我都不舍得松开。自此，全家人都认为，我与书有缘。家庭的熏陶，老师的教育，让我与书慢慢结下了不解之缘。

牙牙学语时，妈妈便开始培养我对书籍的热爱。妈妈时常拿着一本绘着彩图的书籍，给我念书里精彩动人的故事。那些故事紧紧扣着我的心弦，深深地打动了我。我的阅读就这样像二万五千里长征般走出了第一步！从《懂礼貌的小松鼠》中，我明白了与人相处，要有礼貌，这样，你才能受到别人的欢迎和尊重；从《幸福岛》中，我领悟了要想为自己和别人创造幸福，就得有一颗坚强、善良、充满爱的心灵；从《花猫过节》中，我知道，在一个集体中，大家要互相帮助、相互关心，才会使我们的集体更加温暖……

真好啊，妈妈——我人生中这个最最伟大的启蒙老师，给我选择了一条多么美好、快乐的道路啊！是的，我们的物质生活也许还不够富足，但我们的精神生活可千万不能不先富足起来！书里的乐趣，只有热爱她的人才能够明了哦！曾读过一篇美文《读书人是世间幸福人》，觉得作者说得很好。不知不觉间，我也成了世间一个无比幸福的人，真是太美妙了！

走进学校，在一位位恩师的引导下，我得以接触、阅读了更多有益的书籍。那稚嫩的心灵土壤哟，仿佛接受了一场场春雨的浇灌和三月明媚阳光的洗礼。那些在心灵深处潜滋暗长许久，渴望博览群书的种子，终于破土而出，迎着雨露，沐着阳光，骄傲地蓬蓬勃勃起来，渐渐丰茂成一片片芬芳四溢的精神家园……

"日月之行，若出其中；星汉灿烂，若出其里"，好一曲《观沧海》，诗人吞吐日月的博大胸襟令我叹服；"会当凌绝顶，一览众山小"，好一首《望岳》，多么富有哲理的诗句，人生理想得以实现后，将是何等欢喜、欣慰，至于眼前的区区困难嘛，又算得了什么呢？"俱往矣，数风流人物，还看今朝"，伟大领袖毛主席大气、从容、豪迈的不凡气质尤令我深深折服！我的心啊，穿越古今，和他们一起对话、交流，真是幸福、快乐得无与伦比！

"五月的鲜花开遍了原野，鲜花掩盖着志士的鲜血。为了挽救这垂危的民族，他们曾顽强地抗战不歇"揭示了侵略者的可耻、可恨，以及华夏儿女奋勇抗倭、还我河山的铮铮誓言！

我国现代文学史上伟大的文学家、思想家、革命家鲁迅先生"弃医从文"的故事让我领略到了先生洞察国民灵魂之深刻、独到眼光，以及抛却个人名利，以唤醒愚昧落后、麻木不仁国人灵魂为己任的伟大精神！

读到朱自清先生"宁肯饿死，也不吃美帝国主义救济粮"的故事，我又一次被深深震撼。多么伟大的民族气节啊！细细想来，我们做人不也应该这样吗？一个人，如果连气节都失却了，何能成事？

那抹色彩 从未淡去

　　漫步在校园小道上，刚下过雨，泥土湿漉漉的。空气中弥漫着一丝清新，虽是落花时分，但花香仍未散去，它们也在留恋吗？留恋花儿现时的明艳？不，应是往日了。

等待是一种煎熬

宋　婧

　　清晨，我早早地起床："妈，姐回来了没有？"

　　"没有。"妈妈扔下这句话便消失在雾气中，似乎又要经历那么漫长的等待……

　　中午，我急切地想要听到电话铃声，那是多么令人向往的事。电话铃响了，我飞速地抓起电话，可是，一声兴奋的"喂"打破了我的梦。姐姐说因为有课所以要到傍晚才回来……一肚子的委屈只好在作业中发愤图强。钟表始终在慢慢地爬行着，地球的运转也太慢了吧！表是不是坏了？你看它走得太慢了，一圈，两圈，三圈……真想有一种东西可以控制整个世界的钟表，让时间一下子变到傍晚，然后让姐姐在家的这段时间里可以跑慢一些。

　　在漫长的等待中，暮色渐渐暗了下来，阴森森的空气中弥漫着无尽的灰色，它在包裹着我，想起了那首"灰色天空"。黑暗中仿佛有数万只眼睛在看着我，我感到背后仿佛有一只黑手朝我袭来，我不敢往下想，因为那是多么的阴森，时间仿佛凝固在这几分钟之间。"嘀嗒嘀嗒"的声音在不为人知的地方发出刺耳的响声，暮色越暗，心中越焦躁不安。

　　傍晚，心中的恐惧已经侵占了光明，灯光下依然觉得有什么东西在我背后，可是每当我转过头时，都发现没有。这时我听到父亲开车回来的声音。"我去接我姐"说完了这句话，我便飞奔上了自行车……远远地看到一辆112路公交车驶来，心中感到幸运！但是我却失望了，在无尽的人群中，我没有看到姐姐的身影。时间一分一秒地过去，冷得我不时有骑起车往家走的想法，但是已经等了那么久，要放弃吗？不！不能放弃！可是我也感到幸运，在这里正好有一个小酒店，虽然不是很大，但是微弱的光正好能使我看到我想看到的地方，路上车辆渐渐少了，也许都赶回家了，这时，我看到对面山峰上有一个月牙，它在对我笑，也许是在给我安慰！

这时我看到又来了一辆112，心中又点燃了希望之火。我冲了上去，但是仍没有发现姐姐的身影，是谁将我的希望之火熄灭！为什么！为什么！灰心丧气的我转身想要离去，我在转身的那一瞬间，一辆112飞奔而来，这次我没有上次那么激动，因为我怕，我怕这一次我的希望之火又被熄灭了怎么办？我看到了！我看到了！姐姐！在黑暗中我看到了！我冲了上去……

也许，向往并不是错，只看你有没有恒心，也许这一瞬间我才不用在漫长的黑暗中静静地等待……因为我知道，姐姐你会回来，等了那么长时间，我终于望见了你的身影……在黑暗中……

069

马路"杀手"在我家

张静宜

一辆红色的轿车缓缓停下，车中的女司机摘挡、拉手刹、熄火，动作一气呵成，关车门、锁车，姿势优雅流畅。别看她此刻一副神气活现的样子，其实她可是位不折不扣的马路"杀手"。她呀，就是我的妈妈。

两个月前，刚刚考下驾照的妈妈兴冲冲地买了一辆新车，缠着老爸陪她开车上路练练手，还把我给拉上了，美其名曰：让你见识见识老妈的驾驶技术。车开到路上，老妈神气不起来了。"往左打点儿……往右打点儿！慢踩刹车，轻踩油门儿！"有着十几年驾龄的老爸坐在副驾驶位置上大声指挥着妈妈。老妈呢，脸绷得紧紧的，双手用力握着方向盘，两眼紧张地望向前方，车子"跌跌撞撞"地行驶在马路上。"刹车！你跟前车离得太近了！差点儿就撞上了！"老爸突然大吼一声，吓了我一跳。老妈狠狠瞪了老爸一眼，干脆利落地拉手刹、熄火、下车，拉开后车门，一屁股坐到我旁边。车子就这么突然停在了马路上，后面的喇叭声响成一片。幸亏老爸及时把车开走了，否则一场大堵车在所难免。

老妈好不容易能自己开车上路了，她"路痴"的毛病又成了拦路虎。这不，那天老爸老妈参加一个聚会，结束后老爸临时有事，让她自己开车回家。老爸把回去的路线详详细细地告诉老妈，并一再嘱咐她不要拐错路口。老妈手一挥，满不在乎地说："这么简单的路我还不认识？我肯定能回去，你放心去玩吧！"就这样，老妈信心满满地踏上了归程，"准确"地转错了路口，把车开上了与目的地方向完全相反的跨海大桥。快下桥时，老妈终于察觉出了不对劲儿，正想调头回去，谁知屋漏偏逢连夜雨，车没油了。老妈只好把车停在应急车道上，给老爸打求援电话。甭问，老爸的饭局彻底泡汤了！

让人哭笑不得的事一件接一件。那天中午，老妈开车带我和姐姐去商场，车外阳光毒辣，热浪翻滚。我和姐姐强烈要求妈妈开空调，可她无动于衷，还说："这天还叫热？明明很凉快！要注意环保！"话虽然这么说，可她自己也早已大汗淋漓了。过了一会儿，老妈把车停靠在路边，叫我们下去买冷饮凉快凉快，自己则跑到一边，偷偷打起电话。我竖起顺风耳听她在说："咱家车的空调我忘记怎么开了，快告诉我，详细点儿啊！"搞了半天，妈妈不给开空调，是因为她不会开呀！

关于妈妈的驾车糗事，多得数不清。我家因为有了这位马路"杀手"，乐趣增添了不少。谁也不是天生就会开车的，老妈加油！我看好你哟！

我是探险控

车命名

作为一名好奇心特别旺盛的探险家，我整天东奔西跑，特别忙。

这天，我摊开世界地图，又开始寻找可以探险的地方。看了一会儿，我眼前一亮——阿尔卑斯山不错，那里风景优美，又可以滑雪，一举两得！

作好决定之后，我立马动身。到了阿尔卑斯山，我略作休息，一口气爬到了峰顶。好冷哦……我哈了几口气，拿出热水袋暖手。可热水袋太烫了，我只好把它放到雪地上降温。没想到，热水袋一落地，就往雪堆里陷——一定是热量把积雪融化了。等等，情况好像不对，刚才峰顶的海拔还是四千多米，现在只有两千五百米了！照这个速度，阿尔卑斯山有可能彻底消失！天哪，这可不行啊，我得追回我的热水袋！可我的速度哪儿比得上雪融化的速度呢？只听"轰"的一声，阿尔卑斯山消失了！壮丽的风景全没了！糟糕，大家一定会要我赔雪山的，我怎么赔得起一座山脉呀？

我正心急如焚，忽然看到地上有一个小圆球。我的探险精神再次发作，跑过去捡起圆球就往嘴里放。咦？这是……牛奶味的阿尔卑斯糖！哈哈，这一定是阿尔卑斯山融化后凝结成的阿尔卑斯糖！我可是吃货一枚，赶紧吞了再说。可是，这显然是个错误的决定——我刚将糖球放入嘴里，肚子就开始疼了。哎，一口吞了一座山，能不疼吗？况且这还是座冰山呢。对了，听说意大利的维苏威火山又要爆发了，找它烤一烤，应该可以缓解我的肚子疼。

我忍着肚子疼，来到了维苏威火山面前。我二话不说，一下子跳入了火山口。火山口里的温度虽高，我却并不觉得热，反而还有点儿冷，因为雪山消化起来需要时间嘛。过了一会儿，我的肚子终于不疼了，还是火山效率高呀！但新的麻烦又来了——太热！不行，我得出去了。我刚一站起来，胸口就一阵恶心。我感到有一大堆液态物体在我的肚子里晃荡。哎呀，我忍不住了——"哗！"一股水柱从我的嘴里冲了出来，这都是阿尔卑斯山的雪水呀！冰冷的雪水喷在滚烫的熔岩上，发出了巨大的"嘶嘶"声，一大堆白烟升了起来，维苏威火山变成了人间仙境。我把拍摄的照片传到网上之后，全世界的游客都蜂拥而来，可把意大利政府高兴坏了。

我又去哪儿了？我被升腾的雾气托上了天，开始了全新的探险之旅。回来的时候，我还摘了几个蟠桃园里的蟠桃呢！

手 牵 手

张秋媛

今天下午，老师带我们玩了一个非常好玩的游戏——手牵手。

下午，我们早早地来到学校。不一会儿，上课铃响了，老师和往常一样，拿着书走进教室，但是和往常不一样的是，老师诡秘地告诉我们："想玩儿吗？一起出去玩吧！"

我们从教室里鱼贯而出，来到操场上。老师说："今天我们玩一个手牵手的游戏，也就是两个人的手交替牵着，沿着一条线旋转，不离线，不能跑起来。我不参与这个游戏，因为我是队长。"我们跃跃欲试。随着一声"开始"，两组队员奋力前进，我们队"打前锋"的是段欣瑶和张振中，男生和女生之间的尴尬一点儿也没有，只是那种迫不及待想赢的做法，让他们犯了规——男生急切地小跑。他们不得不返回原地。

紧接着第二组向前冲。虽然平稳过去，但还是有点儿慢。两边的队员像小天鹅一样在线上翩翩起舞，每组同学都不断呐喊，不断加油。你看张思家的紧张劲儿——抓住同伴的这只手，忘了松那只手，松开了这只手，又忘了抓住那只手。他的脚不停地转，手也舞蹈起来，逗得大家哈哈大笑。另一队的同学也搞笑极了，两个人的手紧抓在一起不松开，头相互抵着，一个劲儿旋转，像芭比娃娃随着音乐舞动，又像两个蒙古大汉在草原上摔跤，更像一个风车在风中转动。

合作最好的应数翟磊和曹帅奇、翟淼和张佳琪这两组。他们面带微笑看着对方，双手不停地交换着牵手，脚下生风般摇曳着，没有音乐却像在跳双人拉丁舞。当他们结束时，我们看得入了迷，情不自禁地鼓起掌来……

大家不在乎结果，不在乎摔跤，不在乎天气，却把欢乐的笑声和拥抱的身影留在了操场上。

怀念外公

池　晨

望着相框里外公慈祥和蔼的面容，泪无声无息地滑落在嘴边，我好恨、好悔，来不及见外公最后一面。永远忘不了那一天，我从闽清回到外婆家，见到的却是外公的灵堂，置于两旁的十几个花圈。走进灵堂，姨姨与外婆正掩面痛哭，看到外公安详地躺在那里，顿时，我的眼前一片朦胧，外公生前的往事一幕幕地浮现在我的脑海里。

有一次，我在外公家做作业，正当我快完成时，抬头看见外公，便兴奋地拉住他的手说："外公，您看我的作业做得对吗？"外公皱紧眉头，仿佛在思索着什么。我愣了一下，随即问他："外公，您怎么了？""从现在开始，我要帮助你练字！""练字？为什么要练字？"我十分诧异地问。外公指着我写的字，说："你写的字，说难听些，简直像鸟爪。"

第二天一大早，我还在被窝里做着美梦呢！突然一股冷气向我袭来，谁打搅了我的好梦？我睁开了眼，吓了一跳，外公表情严肃地站在我的床前："还睡？都日上三竿啦！"

我忙反驳道："今天是星期六……"话还没说完，外公又说："因为是星期六，才要你利用这好时光练练字啊！""练字？真是……"外公叹了一口气说："时间是宝贵的，哪能像你这样浪费？""得了，我练就是了！"我忙打岔道。

起身以后，我来到阳台，拿起笔刚写了一个字，便被外公叫住了。我纳闷地望着外公。他接过我手中的笔，在纸上写了十四个字："少年易老学难成，一寸光阴不可轻。"我将外公的字与我的字比较，这才发现我写的字的确太不得体了。于是，我下定决心，一定要练好字。就这样，每天在外公的督促下，我的字大有进步，真打心眼儿里感谢外公。他不仅使我的书写有了很大的提高，还使我明白了时间何其宝贵。

如今，外公离我而去，但他的音容笑貌仍深深印在我的脑海里。我永远忘不了他，他永远活在我的心中。

与众不同的桌子

焦自强

我们一家五口住在一间十四五平方米的出租屋里，家里只有一张小桌子，它既是我们的餐桌也是我们的学习桌。不过由于桌面小，写作业时，只能一个人趴在上面，所以我和弟弟要轮流写作业。有时，为了早点儿写完作业，我们要趴在床上写。这几天，妹妹总是打搅我写作业，这让我感到很苦恼。

一天中午，我到楼顶去玩，看到了很多木板和砖头。看着这些东西，一个妙点子突然出现在我的脑袋中：何不做一个桌子呢？说干就干，我把砖头一层层摞在一起，堆成正方体，然后在上面放了一块木板，这样桌子就做好了。为了更加美观，我把四周也都围上了木板。我带着弟弟去看我自制的桌子，对他说："以后我们在这里写作业，就不会被妹妹打搅了。"他满脸疑惑，说："我觉得不行，还不如在家里写呢。"我解释道："你别看它是一堆砖头和几块木板，它可牢固着呢，而且桌面大也够咱们两个写作业。这个地方宽阔，阳光也很充足，是个写作业的好地方。"弟弟虽然还有些疑虑，不过也同意上来试试。

刚开始我和弟弟都不习惯，因为在这里没有在家里自在。有一次，房东上来了，看见我们惊讶极了，忙问："你们怎么在这里写作业啊？"我赶紧笑眯眯地告诉他原因，他叮嘱我们要注意安全，别乱动楼上堆放的物品，这才不放心地走了。

时间过得很快，渐渐地我习惯了在这里写作业，有时候妹妹不打搅我，我也想来这里写写作业，看看书。我觉得这里就像个偌大的开放书房，一个属于我的书房。

这张桌子虽然简陋，但它是一张与众不同、独一无二的桌子，它给了我很大的帮助，我很喜欢它。同时，它也让我明白：在我们的生活中，一些看起来微不足道的东西，其实有着很大的作用。

沙漠里的交通工具

雷景旭

暑假里，我们一家人来到响沙湾，开启了沙漠之旅。

到了响沙湾，只见一片金色的海洋出现在眼前，真是壮观。一道缆车临空飞架其间，我们便乘上了这第一种交通工具，从高空饱览大漠的壮美。长长的铁索平稳地滑动着，我们望着无边无际的茫茫沙海，心里充满了期待。

下了缆车，我们穿好沙袜开始行走。在沙漠中走路，脚步沉沉的，身后留下一串串脚印，就像一个个动人的音符。

来到码头，我们要乘坐第二种交通工具——沙滩冲浪车。它独特的外形像是海上的一叶帆船，开动后，我们身后留下了一道道弧线，我的心都要飞起来了！沙滩冲浪车将我们带到了仙沙岛。金黄色的沙坡像一条金色的卧龙，我迫不及待地扑向沙的怀抱，滚沙、滑沙、踩沙，在沙的乐园里尽情地享受着。

沙滩摩托车是我乘坐的第三种交通工具，它是征服沙海的绝佳工具。伴随着油门的轰鸣声，我们在沙海中穿行，感受着风驰电掣的刺激。

蓝天白云，金色的沙丘，长长的驼队仿佛从异域的童话中走了出来……沙漠之舟——骆驼，它们才是沙漠真正的主人。我们骑着第四种交通工具——骆驼，前往悦沙岛。坐在骆驼身上，随着它的步伐摇摆，听着阵阵驼铃声，这可真是一幅美好的画面。

在沙漠艺术宫里，我们感受了一回蒙古族的民俗风情。走出艺术宫，我们乘坐了第五种交通工具——沙漠观光火车。伴随着火车的汽笛声，沿途独特的风景映入眼帘。观光火车缓缓驶入莲沙岛，我下了车，一头扎进了滑沙场，坐上了第六种交通工具——沙舟。它是一块长方形的木板，坐稳后，双腿前伸，双手向后插入沙子，工作人员在背后用力一推，我便从高处往下滑。随着下滑的速度越来越快，眼前的风景也变得越来越模糊。此刻的我，只想畅快淋漓地大声呼喊……

生活的味道

胡晓敏

生活，有时就像是一杯白开水。没有任何渲染，也不需要任何说明，但却有一种特别的味道。

姐姐不算是好学生，也不算是个乖孩子。或许在大人们眼中，她就是一个名副其实的小混混。但我却觉得她就像是一个天使。她很会照顾人，那段时间她说她家一个人都没有，让我去陪她，我便去了。

但到了那儿的第二天，我就中暑了。我连翻身的力气都没有，真正有一种眼里藏着两个太阳的感觉，还发高烧。看到我这样她没有慌，而是跑出去在三十几度的高温下给我买药。不过，我向来不吃药，她是知道的，就一直给我端水。那一杯杯平日喝来淡得厉害的水，那天喝完却是格外的甜。她在地下转来转去，为我忙活，而我躺在床上，看到她为我忙东忙西的，便让她坐下。我发现她已经满头大汗，汗液像是发了疯似的往外冒，我帮她擦。她笑着说："呵呵，你还管我呢！"我心疼了，这还是那个在学校闹事，在家中顶撞父母的姐姐吗？

但最后令我内疚的是：第二天，我好得差不多了，她却病倒了，我也倒了一杯水，说："昨天你照顾我，今天换我，来，喝水，不然要吃药了哦！"然后是四目对视，都发现了彼此眼中的东西，但都笑了。顿时，觉得好温暖。

这杯白开水里，姐姐帮我加了爱，让爱升温，我很温暖。

生活，有时又像是一杯苦咖啡，只有用心去品味，才能得到不一样的体会，才能感觉到那淡淡的温暖。

早上起来头昏昏的，一点儿想吃饭的欲望都没有。原想洗洗就去学校，但妈妈却说让我必须吃饭，军令如山，我也就束手就擒吧。刷牙的时候，妈妈问我要不要喝奶，因为在刷牙，所以谈吐不清，像小孩子一样乱哼哼。妈妈便说："哦，你是要喝，对吗？"我急得脸都变了颜色，赶忙漱了漱口才说："我不喝了，别去了吧，门市的门好像也不开。"但妈妈像一个严厉的法官一样，很是坚定。我见状便说："快赶不上上课了，一会儿该迟到了。"因为我知道妈妈最讨厌迟到了，但对于我不吃早饭的问题，她总是很坚决，我服输。

妈妈刚走出门不久，又折了回来，问我要喝××牌子的吧。我喉咙开始发紧，但还是点了点头。

妈妈又走出了门，看着她急匆匆的背影，我的眼睛有些酸涩。早饭，沉甸甸的，吃到嘴里，也是沉甸甸的，因为那里面装满了爱。没有多大会儿，妈妈回来了，我还没来得及擦掉眼角的泪珠。刚回到家，妈妈就把牛奶放到我面前，妈妈离我很近，我听到了她急促的呼吸声。听得出来，这一路上，她一定走得很急。

这杯咖啡里，妈妈帮我加了糖，让爱变甜，我很温暖。

我心目中的良师

笛 凯

寒风凛冽，它带走芦苇绿油油的面容，它带走了树木充满生机的叶子，它带走了小草的生机勃勃，往日茂盛的景象也已消失了，但它仍然没有放弃，勇敢地面对艰难险阻。

小草是我心目中的良师。

夏天时，骄阳似火，毒辣的太阳好像打翻的火炉似的，有些弱小的植物，叶子已经蔫巴了，炽热的太阳蒸发了土中的水分，小草等到晚上温度不是太高时，利用叶子上的纤毛把露水收集起来，到了一定重量时，叶子承受不了露水的重量，会让露珠落下来，正好落到根系周围，这样小草就照旧有水喝，不必怕太阳烘烤时为找不到水而烦恼了。既储存了水分，又避免被太阳照射时大量失水的后果，这就像老师所说的长征精神。

秋天，凉风像凶猛的野兽一样，吞没了植物们的青春，小草也受到了影响，它聪明的大脑又转动了，它把所有的营养都集中在种子上，希望种子能突出重围，飞到肥沃的土地，水分充足的地方。正如老师说过："我们是祖国的未来，祖国的明天，祖国的栋梁。"

冬天，万物以沧桑的面貌呈现在人们面前，但小草并没有放弃，它依然伸长根系，使劲儿地吮吸水中的营养，缩小了它叶面上的气孔，以免使其冻伤。储存养料，等到来年的春天长出嫩芽，就像老师一样把知识传授给我们，以便我们将来能有好工作，有美好的生活。

我心目中的良师是小草，它不惧困难，把所有的精力都倾注在"学生"身上，为了使学生能有更好的将来，它宁愿用自己的青春来换取。

小区新事

严新竹

秋天的雨缠绵不息，我漫无目的地在小区的道路旁行走，不打伞，任雨水冲刷心灵上的尘垢。

忽地，有狗吠声……

一条毛色鲜亮的狗从树林间蹿了出来，一副着急样儿，"汪汪"声不绝于耳。我一向对狗没多大感情，索性瞥了一眼，接着就以鱼的记忆忽视了它，可它却围在我身边不停"嚷嚷"着。我蹲下身子，怜爱地抚摸着它，可毕竟感觉这只黑狗不寻常，它会不会使这个小区……

最近，雨不时光顾光顾人间，可依旧是那么缠绵，给人以萧条之感。望着窗外淅淅沥沥的雨，我的心怎么也平静不下来，查不出缘由的我，捧着热可可对这个有点儿陌生的小区吐诉自己的心声："你呀你，什么时候才能让我真正熟悉你？刚搬来的居民，每个人都冷冰冰的，对了，你知道我心里在惦记什么吗？这个谜何时才能解开？"外面，一个黑色影子在灌木丛间穿梭，我猛然从沙发上直起身子，喃喃道："不会吧！难道我这几天惦念的是那条狗！"

我飞快地跑下楼，手上拎着一纸袋肉骨头，准备让黑狗饱餐一顿，可发现黑狗正舔着一碗肉饭吃得欢呢。一旁是一位中年妇女，难道这狗是她的？我走上前去与那位妇女攀谈，原来她与我一样，也是怜爱小狗才来关心关心它的，而且，她们一家住在我家楼下！一番亲切交谈，使两家相识并友好起来。

此后，通过一星期让小狗美餐的时间，我与每家都混了个脸熟，因为——他们都是来关爱小狗的。有了小狗，使我觉得在小区里，每个人都不是冷漠的，只是缺乏了一个被触发爱心与善心的契机，或许当爱与善成为社会主流时，我们尘封多时的良知与善心便破土而出。

黎明咬破夜的红唇，将一抹殷红洒向天际，谢谢你，小狗，你让我在鳞次栉比的高楼中收获了久违的邻里情……

小区需要爱，社会渴望爱，时代呼唤爱，小区新事，让我感悟爱！

那抹色彩 从未淡去

孟 淇

有那样一抹色彩，吸引了我长达三年的炙热目光。

花开易见落难寻

相遇自是天注定。三年前的那个学期，让我遇见了你们，一张张陌生而又亲切的脸庞，一脸的天真无邪，绽放的笑颜，定是我在那个夏天见到的最难忘的色彩——如彩虹般，像巧克力遇上花生豆，我们很快熟悉起来，像一个大家庭，那种感觉无比亲切。可这种感觉还能持续多久？三年，时间已经给出了答案。

三年、十三年、三十年过后，我们已天各一方，是否难以寻找到彼此？未知，只有努力能给出答案。我想珍惜，珍惜我们在一起的每一天。

如花儿一般，你们脸上的色彩让我记忆犹新。

化作春泥更护花

你可知道，在班主任的脸上，在每一位老师的脸上，我都曾见过这样一抹色彩。也许是骄傲，是自豪，又或许是期待，是感谢。花开的那一刻起，可曾想过自己的美丽来自哪里？来自牺牲自我的落花，所以它们当年开放时也有过明艳美丽，可现在，我依旧觉得他们很美。

在这个不算大的教室里，那最独特的风景，便是他们了。有时眼神飘浮，落在班级后的桌子上，是我们的作业本，用一双朴实的手，轻轻翻动着的是老师，是为我们遮风挡雨的老师。

如落红一般，他们身上仍有那一抹色彩，让我终生难忘。

落花时节又逢君

风起，花瓣似缠绵的蝶儿飞舞落下。漫步在校园小道上，刚下过雨，泥土湿漉漉的。空气中弥漫着一丝清新，虽是落花时分，但花香仍未散去，它们也在留恋吗？留恋花儿现时的明艳？不，应是往日了。看到眼前的残花，我心中不免一阵疼痛，思绪飘向远方，我能想象到很久很久以后，我们再次相遇在某个花季，互道寒暄，谈天说地，一句一句大道理还是那么深入人心呐！可你们脸上那一抹色彩还会在吗？一定会在，一直都在。

有人说：时光不老，我们不散。人散，心却在一起，这何尝不是一种感动？

如时光一般，在时间的长河里，你们脸上的色彩，让我感到幸福。

多年以后，或许已物是人非，但有那样一抹色彩在我心中，从未淡去。

回忆·那年

袁子君

有这样一个人，他讨厌牧师们骗人的鬼话，不喜欢学校枯燥呆板的教育，与循规蹈矩的人们唱对台戏。在大人眼里，他就是一个顽童，调皮淘气，坏心眼儿又多，还总是把自己的"聪明机智"用在一些奇怪的地方，但他勇敢乐观，正直善良，敢于冒险。他有勇气揭发凶手，使无辜的人不受到牵连，即使自己晚上都因为害怕而提心吊胆；他可以为了喜欢的女生，认下一个本不属于自己的罪名，即使结果是满身是伤……他的名字，叫汤姆·索亚。

说起这个主角，第一个让人联想到的不是刚刚提到的那些英雄事例，而是两个词"调皮""机智"。简单来说，他将自己聪明的大脑完全用在了坏主意上。姨妈逼着他喝"怪味魔汤"，他就偷偷地舀起一勺，塞进了姨妈的猫——彼得的嘴巴里；他和大伙儿将校长的头发涂成金色，在会演的当天从天窗上用绳子放下一只猫，让它抓掉校长的假发，露出他那金灿灿的光头；姨妈叫他去刷墙，他呢，故意表现出一副兴高采烈的模样，让别人觉得刷墙是一个很有意思的活儿，大伙儿都抢着做，自己则在树荫下坐着，哼着歌儿……

从他的故事中，我看到了自己的童年：偷偷地将站起来回答问题的同学A的椅子移走，让他摔了个屁股蹲儿，恼火地爬起来四处张望的时候，自己悄悄地躲在书后面偷笑；吃着棒冰，哼着小曲儿，和朋友B走在回家的路上，谈论着班里的八卦新闻；坐在书桌前，咬着铅笔，挤牙膏似的写下流水账日记……"池塘边的榕树上/知了在声声叫着夏天/操场边的秋千上/只有蝴蝶停在上面……"这首《童年》自己曾反反复复听过几遍？已经数不清了。上一秒钟，我似乎还坐在六年二班的教室里，耳朵里满是老师的讲课声，用手撑着下巴发呆，铃声一响，便和同学们嬉闹起来；下一秒，就已经毕业了。虽然还未作好和过去告别的准备，可是，时光总会流逝，无论你有没有买好下一程的车票，列车都会开动。

也许在遥远的将来，高中毕业，大学毕业，抑或者是半只脚已经步入中老年的时候，无意间翻出一张已经泛黄的照片，双手轻轻抚摩着。照片上的人已经记不清名字了，只能模糊地看出"他"和

085

"她"。闭上眼睛，那些记忆却依然灵动着、鲜活着……

我的目光重新回到那本《汤姆·索亚历险记》上，我微微一笑，打开电脑，放起最喜欢的那首《被风吹过的夏天》："蓝色的思念/突然演变成了阳光的夏天/空气中的温暖/不会更遥远/冬天已仿佛不在留恋/绿色的思念/回首对我说一声四季不变/不过一季的时间/又再回到从前/那个被风吹过的夏天……"

家乡的端午节

徐 晶

五月初五是端午节。这一天，家家户户的门上都要插上艾叶，据说这是为了驱鬼辟邪，小孩子要在胸前挂香囊，还要吃粽子呢！

端午节为什么要吃粽子呢？妈妈告诉我，这是为了纪念我国伟大的爱国诗人——屈原。由于受奸臣迫害，屈原被流放，他在流放途中听到楚国灭亡的消息后，万念俱灰，仰天长叹，投入汨罗江。百姓担心江里的鱼吃掉屈原的身体，纷纷拿来米团投入江中，端午节包粽子的习俗就这样流传了下来。

端午节这天，奶奶把糯米洗干净，再把豆子、芝麻和肉泥搅拌在一起。一切准备就绪后，开始包粽子了。奶奶熟练地抽出一片粽叶，折成一个角，往里面装糯米，装了一半，放入搅拌好的馅儿，再放一层糯米，填满后，把粽叶绕着角缠绕，最后用绳子系紧。很快，一个粽子就包好了……粽子全部包完后，就可以把它们放进大锅里煮了。

粽子熟了。我拿出一个粽子，剥开一层一层的粽叶，一股浓浓的糯米香和着粽叶的清香扑鼻而来。洁白的糯米里嵌着一颗颗软软的豆子和黑油油的芝麻，还有美味的肉泥，让人看了垂涎三尺。

端午节还要吃咸蛋和"萝卜蛋"（清蒸蛋），小孩子胸前挂的香囊就是用来放咸蛋的。俗话说得好："端午吃咸蛋，石头踩得烂。"吃完咸蛋后，大家干起活儿来都特别有劲儿。

"百里不同风，千里不同俗。"每个地方都有自己独特的习俗，这就是我家乡的端午节，特别而有趣。

辫子风波

张甜甜

今天早上，我们班的刘可儿刚踏进教室就把我吓了一大跳——她满头都是又细又长的小辫子。那些小辫子一缕一缕地，编扎得非常精致，就像一条条柳枝。从前，刘可儿总是扎着一根粗粗的马尾辫，今天真是一反常态呀。

看到刘可儿的新发型，同学们都一窝蜂似的围了上去。"是谁给你编的？真漂亮呀！""花了多长时间？"……大家七嘴八舌地问这问那，有几个女同学一边伸手轻轻地抚摸着辫子，一边仔细观察，好像要把辫子的编法记在心里。刘可儿骄傲地回答着我们的问题："辫子正好二十个，是我妈妈给我编的。我妈妈可是厉害的理发师呢！只是她常年在浙江，很少回家。"

"哦——哦——美杜莎别吃我！别吃我！"陶志诚忽然张大嘴巴，阴阳怪气地来了一句。"哈哈哈，别吃我……"一些凑热闹的男生也跟着一唱一和。刘可儿生气地瞪了瞪那些男生。

大课间时，我们在操场上玩跳绳。刘可儿一直是女生队里跳得最好的一个。以前她跳绳时，男生们都会围过来赞扬她，可今天的情况却不大对——刘可儿像往常一样一蹦一跳，小辫子像无数条蛇在她的头上跳跃，让人不寒而栗。同学们开始边笑边小声议论着，有的人还指着刘可儿的头发故意做着一些夸张的动作。男生们干脆在一旁大声叫起了"美杜莎"。正在跳绳的刘可儿突然停了下来，眼圈红红的，好像要流泪了。我走到刘可儿身边说："刘可儿，你今天的发型挺好看的，大家并没有恶意。"刘可儿伤心地看了看我，哭着说："昨天……我妈妈好不容易回家一趟，特意给我编了这些小辫……没想到……呜呜呜……"刘可儿的哭声引起了很多同学的注意，大家都来安慰她。带头起哄的陶志诚好像意识到自己伤了刘可儿的心，低着头走到刘可儿跟前，小声地说："对不起，我不是有意的。"

放学的时候，刘可儿又像往常一样开心地笑了。这场辫子风波总算过去了，我和同学们似乎也明白了什么。

老师，谢谢您对我的信任

史棕元

"我相信，他不会那样！"这句话时常萦绕在我的耳边，让我久久难忘。每当想起那件事，我就十分内疚……

　　记得那天我把作业落在了家里，一路上我忐忑不安，心想：老师忘了这事儿吧，千万别检查了。可谁知我刚进教室，屁股还没坐热，就被老师逮到了："史棕元，作业呢？"虽然在心中已经想过要怎么回答，可是被老师突然这么一问，我还是结巴了起来："呃，这个……那个……我忘带了。"我低着头，小声地嘀咕着，不敢去看老师。"没带？我看是没写吧！"旁边的同学挑衅道。还没等我反驳，我听到了老师的声音："我知道他不会那样。""没错，明天我一定带来，你等着瞧！"听到老师的话，我突然有了底气，重新抬起头来。

　　第二天课间活动时，老师叫起了正在谈笑风生的我："史棕元，你昨天的作业呢？"我一听，怔住了，血液凝固了，表情僵住了，完了，完了，我早把这事儿给忘了，怎么办呢？我慢慢站起来，低下了头，不敢与老师对视。我突然想起老师昨天说的那句话"我知道他不会那样"，老师昨天对我如此信任，而我却……我心里后悔极了，真恨不得有个飞毛腿马上回家把作业拿来。我辜负了老师的信任，该怎么向他交代呢？这时，我小心翼翼地瞥见，老师敛起了笑容，目光黯淡了下去。我觉得对不起老师，对不起对大家的承诺。老师什么也没说，摆摆手让我坐下。临出教室前，老师对我说："史棕元啊，明天一定带来！有再一再二，没再三再四，我相信你不会那样！"我大吃一惊，抬头看着老师，他的眼中，依然透露出对我的信任。

　　老师的话让我心里酸酸的，有说不出来的滋味，我暗下决心，明天一定记得把作业带来，不辜负老师对我的信任。

我当了一回小老师

陆雨晨

　　时间过得真快，我已经是四年级的学生了。开学前的那一天下午，班主任冯老师处理完班级里的各种事情，又发了一张16开纸。我定睛一看，是一张乐谱《跳柴歌》。冯老师清了清喉咙，温柔地说："同学们，从这个学期开始，我们要学吹口琴。因为口琴是我们学校的特色，希望同学们认真练习。这首歌有点儿难唱，有会唱谱子的小朋友吗？让他当一回小老师带大家唱。"同学们大都摇头。我会唱啊！这不是三年级教过的一首歌嘛！何况本帅哥是学钢琴的，这些简单的音符对我来说，简直就是张飞吃豆芽——小菜一碟。想到此，我毫不犹豫地举起右手，大声喊道："老师，我会！"

　　在老师的鼓励下，我激动地走上了讲台，心里真像十五个吊桶打水——七上八下。我先唱一句谱子，同学们就跟着唱，几遍下来，唱得我嗓子冒烟儿。我发现"3.5 62 34 32 62 35 66"中，咪后面有个符点，要唱四分之三拍，而大家只唱了半拍，听上去怪怪的。于是，我在黑板上画好节拍，并耐心地给大家打节拍，果然这次节奏唱对了。

　　这时，有家长来了，冯老师就走开了。糟糕，只剩下我一个人独挑大梁了，怎么办？果不其然，班上的调皮鬼小森，把最后一个音故意延得很长，惹来了同学们的大笑。我不由火冒三丈，大声吼道：

"老师在和不在要一个样，我们要让老师少操心！你再出怪声，就记你学号，不和你做好朋友了！"几个捣蛋鬼也就认真多了。

赶在下课前，我们班已能把《跳柴歌》唱得和谐动听了。我也不由得松了口气，总算圆满完成任务。擦了擦额头上的汗，摸了摸发疼的喉咙，不由感叹：当老师太不容易了！

"钻石"镶在牙齿上

易雅洁

这个暑假，妈妈带着我去矫正牙齿。

这天，妈妈开车把我送到位于大学城的汪蕾口腔医院。汪医生帮我检查了口腔，就开始准备工具了。我躺在椅子上，看着汪医生拿来了电钻、钳子、冲洗棒、牙镜等等。我既目瞪口呆，又胆战心惊。我仰望着天花板，心想："会不会很痛呀？要是医生一不留神把我的牙齿钻了个洞怎么办？"我越想越害怕。

一切准备好了之后，医生拿出电钻就往我的牙齿上钻。我紧闭双眼，双手紧握妈妈的手，脚趾头使劲儿拱着，把鞋底抓得牢牢的。一会儿，"吱"的声音冒出来了，可我只觉得牙齿痒痒的，没有其他的异样感。我这才慢慢睁开双眼，看到汪医生正有模有样地工作着。从我的嘴里飞出好多小水滴，就像是摩擦出来的火花。

我四处观望，想看看从哪里可以看到我的牙齿。扫视了一圈，我终于在照明灯的玻璃上隐隐约约地看到了自己的牙齿。看了一会儿，我觉得无聊，就张着嘴，闭目养起神来。等我醒来的时候，汪医生正在把张嘴器卡在我的嘴里。我在照明灯的反光处看到自己的嘴巴张得很大，所有牙齿都露了出来，颗颗看得一清二楚。

医生用冲洗棒在我的牙齿上冲洗，又在我的嘴巴里放了根吸水棒，一瞬间，嘴巴里满满的水都消失了，真神奇！接着，医生从柜子里拿出了一种胶水，她说这种胶水有很强的黏性，味道很酸，不能舔。说完，她就在我的上牙上挤了一小点这种红色胶水。我从反光处看着这些红色的小点，它们好像认为我的牙齿就是它们的座位，一个个"坐"得稳稳当当的。过了一会儿，医生用冲洗棒把这些刚"坐"下的小红点给冲走了。我舌头动了一下，觉得这水酸得很，禁不住打了个冷战。

冲洗完后，我又观察了一下，发现牙齿上出现了红色的印记。医生按照标记的位置，把金属钉粘在了我的牙齿上，那些亮晶晶的东西在灯光下一闪一闪的，就像一颗颗钻石。医生又把铁丝镶在这些"钻石"上，我觉得牙齿们好像在自我调整，弄得我的口腔痒痒的。我漱了个口，闭上嘴，感觉好不习惯。但我还是走到镜子前，张开嘴照了照，那一颗颗闪闪亮亮的金属钉真的好像钻石呀。医生说，以后漱了口，它们就更像钻石了。

虽然这些小东西戴在我的牙齿上，感觉并不舒服，但我还是忍了，因为，它们都是"钻石"呀！

夺命辣条

章颜珩

　　"啊！真难吃，又是黄瓜！"我唉声叹气地抱怨，不知何时，老妈的口味变淡了，连买的饮料、零食都淡得尝不出味道。

　　一次，我实在斗不过肚子里的小馋虫，就想出去开个小灶。可出门买吃的，老妈要能同意我马上就去拜佛。借口去朋友家玩？可是他就住在我家楼上，没准会露馅。没办法，只能死马当活马医！我用力拍了拍自己锅盖似的头，努力让自己保持清醒，两手拉着妈妈，紧张地说："老妈，我……能不能去楼上的小东家玩玩呀？求你了！"妈妈想了想，无奈地说："行，给你一个小时吧！"

　　我松了一口气，立马跑出门，把电梯按在七楼，在门快关起来的一瞬间，冲了出去，飞也似的跑下楼梯，直奔商店，砖头都被我踩得发出"咔咔"的声响。冲进店里的我，一看见辣条，两眼射出金光，心里别提多爽了。我喜滋滋地付了钱，刚进公园，不料，撞上出来买东西的老妈。我立马像跨栏运动员一样，越过花坛，躲在一棵松树下。我不时地往后看，来了！来了！这回完了。把辣条藏肚子里，不行，扔进草丛里，舍不得。老妈一来，我摆出一副做贼心虚的姿态——笑眯眯看着她。老妈见我，又唠叨了："你怎么到楼下来了！小东呢？""我们在玩抓人！""你别出汗了，我告诉过你的！"我立马点头，这时，如同老天安排的一样。小东及时骑车来了，我迅速向小东使了个眼色，他配合地跟妈妈打了招呼。妈妈终于放心地走了，我把事情和小东一说，他骄傲地说："看！我这好友来得及时吧！"我笑了笑，为了表示感谢，请他吃我宝贵的辣条。

不知不觉我越吃越多，两包一扫而空。不好！肚子痛，历经千辛万苦吃到的辣条，刚吃完肚子就疼痛难忍，果真是夺命辣条啊！

绽放美丽人生

陈碧溪

天边送来几丝清风，被吹落的枯叶打着旋儿徐徐飘落。目睹这残景，我内心涌起一丝忧伤和感慨：人生真的如落叶，秋到就留下落地的遗憾而不能一生美丽绽放吗？

不曾想未来的路有多坎坷，未来的竞争有多激烈。累了，就如一只栖息的小鸟，发呆地看着蓝悠悠的天，席地而坐在草坪上，任风儿轻拂我的脸颊，惬意地享受着这一份恬静。忽然，一株幼苗闯入我的视线，柔嫩的绿叶托着点点花苞。它的生命是那么鲜活，那么惹人喜爱，却生长在密密的杂草丛中，生长在这不起眼的角落，这是怎样的遗憾啊！我叹息着离去，却不忘它绿色的身影。

此后的几日，风雨交加，窗外是一片朦胧世界，树叶在狂风中纷飞，落了一地。我顿时想起那株在杂草丛中不知名的幼苗，风雨中是否依然生气勃勃？我迅速地奔向那片杂草丛。展现在我眼前的竟是一株灿烂的小花，散发出淡淡的清香，很小，却很美，点缀着杂草丛，平添了几分景致。或许这是它的梦想，即使没有蝴蝶的青睐，即使风吹雨打，也要绽开笑脸，展现最美的自己。纵是花瓣飘落了一地，似乎还隐藏着笑靥。对于花，也许努力绽放是它们永恒的主题，而得到人们的赞美就是它们一生的追求吧。思量着，我惊叹！感动！

"零落成泥碾作尘，只有香如故。"花的生命终究是短暂的，花的一生值得吗？它还有遗憾吗？不！"落红不是无情物，化作春泥更护花。"花虽失去了昔日容颜，却成为下一朵花的养料，生命得以延续。此刻，我豁然开朗：并不是每一朵花开都是为了收获丰硕的果实，只要把美绽放，那就是无憾的人生；人亦如花：不管处境如何，都应该仰起笑脸积极面对。即使是风风雨雨，也要坚定自己的信念，追求自己的梦想，展现最真的自己，在有限的生命中留下美丽的痕迹。

夕阳无限好，虽然近黄昏，却孕育着美好明天。让我们一起绽放美丽人生吧！

那是一首歌

俞文青

母爱是一杯香醇的红茶，而父爱恰似一杯清新而淡雅的绿茶；母爱是一首叙事诗，而父爱恰似一首内敛而含蓄的抒情诗；母爱是一首热情的歌，而父爱恰似一首精致而舒畅的纯音乐……父爱这首歌，需要时间的沉淀来细致地聆听。

父亲的歌，以爱作词，以情谱曲，优雅的旋律萦绕在我的身边，呵护着我的成长。

那天早晨，只听见冷风"嗖嗖"地刮，就连老松树也屈服于这北风之下。闹钟响得刺耳，可我的眼睛却像涂了强力胶一样睁不开。

迷迷糊糊中似乎听见了脚步声。呵，那熟悉的、刻意放轻的脚步声，大概只有我细致的父亲才会做到吧！我的脑海中放映着他的动作：揭开电饭锅锅盖，把米饭和热水倒进去，插上插头。这就算给我烧了简单的早饭。怕我睡过头，他就慢慢走进我的房间，轻唤一声：

"起床啊？"

"我知道！"我不耐烦。

我依稀看见他的身影，并不算高大的身躯因为寒冷显得有些蜷缩。或许听到我那不知感恩的言语，他心里会更冷！

我似乎清醒了许多，注视着他。他的鬓发略带银白，脸上爬上了几条浅浅的皱纹。父亲不算勤劳，我的早饭也很简单，比起有些家长，父亲所做的似乎太微不足道了。但他不顾这天寒地冻，一心一意只为我而辛苦。我突然被自责包围着，心疼地说：

"爸，你去睡吧！我自己会弄。"

"嗯！"他顿时轻松地点点头。

我有点儿毛手毛脚，弄出很大声响，而父亲不会责备我，只是静静地不打扰我……直到我离开家，他才安心地再眯一会儿。

那些片段仿佛一阵音乐，敲击着我的心灵。那天突然明白，即便是琐事，这么多年的父女情也足以让我感动得泪流成河。

父爱，那是一首歌，以爱作词，以情谱曲，以父为序，以我为题……

最美丽的风景

　　小鱼和小鸭悠闲自在地游来游去，荡起一圈圈波纹，白鸽在池塘上空自由地飞翔，有时还不忘停在木船上歇脚，与小鸭聊上几句。一切是那么和谐自然，让人舍不得去打扰。

想念那半截直尺

黄江涛

在上学过程中发生过很多事，有高兴的，有伤心的，也有感动的忧郁的，但却只有一件事让我至今难忘。

那是在一次考试时发生的事情。

那年秋季，我们学校要抽取学生参加县素质测试竞赛，没想到偏科严重的我竟然被抽中。

考试前夕，我做了十足的准备，我害怕考不好，为此在考试前的那天晚上，我还专门复习到十点多，这才稍稍有点儿底气。可能是紧张，也可能是睡得晚，第二天早上我竟然起来晚了。收拾东西时，因为匆忙，我居然忘记带考试要用的直尺了。坐在考场里，我心里很慌，没有直尺，考试时若有画图题该怎么办？用手吗？可老师严格要求过不用能手作图。

果然不出我的所料，在数学试卷的最后一道题中真要用到直尺。可我没有，怎么办？四周的人与我又素不相识，找他们借，他们会借给我吗？我不安地等着，不停地四下张望。终于还差几分钟考试就要结束的时候，我鼓起勇气对身旁的一个考生小声说："你的直尺借给我用一下可以吗？"那学生听后头也不抬，干脆地甩出两个字："不借！"

我窘迫极了，心想这下完了，最后一道大题可是10分啊。这时，坐在我前面的一个男生回身把他的直尺送了过来，我抬头伸颈一望，他也正准备做最后一道题。我又把直尺还给了他，说："你用吧。"他望望我，看了看直尺，突然"嘭"的一声把直尺折断了，给我一截，他自己留一段。于是，我们两个同时做起最后一道题来。

那次考试我的数学成绩考得很好，接近满分。可是直到今天我再也没见过那个学生，那个曾帮助我的人。但那半截直尺却永远地印刻在我的心里，留下温暖而深刻的回忆。

最美丽的风景

岳　轩

胜溪湖公园，天然与人工的结合，呈现出一道亮丽的风景，让人如痴如醉，流连忘返。

走进石门，第一眼见到的便是一座人工与天然结合的水立亭台。高高的木亭台坐落在水上，显得优雅美观；亭台上有十来个长凳，供游人休息；每几米距离就有几个台阶，台阶越来越低。亭台下，几块天然大石构成了一道水上浮石路，直通亭台下的空洞，湖水清澈见底。

绕过亭台，映入眼帘的是一片绿色。茂盛的树林，绿绿的草地，偶尔夹着几朵五颜六色的小花。树木高得直插云天，树叶茂密，仿佛能遮住整片天，一片绿色，让你赏心悦目，神清气爽，连旁边的小路也变得可爱起来。

　　顺着小路向前走，一座池塘便浮现在眼前。水是那么绿，绿得如同翡翠；水是那么清，清得一眼望到湖底。小鱼和小鸭悠闲自在地游来游去，荡起一圈圈波纹，白鸽在池塘上空自由地飞翔，有时还不忘停在木船上歇脚，与小鸭聊上几句。一切是那么和谐自然，让人舍不得去打扰。

　　从池塘边向东走，便会看到一座大桥矗立在湖面。湖面静得如一面明镜，有风起时也只是微波荡漾，大桥横跨如此宽的湖面，让人不禁肃然起敬。

　　走过桥，顺着林间小路，呈现出另一番景色。人们踩着用石子铺成的太极阴阳图，疏通脚步经脉。高高的墙上刻着太极拳的打法，吸引了许多观光的游客。

　　胜溪湖公园，吸引了来自五湖四海的游人，呈现了大自然的赞歌，这便是孝义最美丽的风景。

我的"避暑山庄"

于士荣

　　学校后面有个大操场。到了暑假，平时喧嚣的大操场就成了清静的操场，也成了我的"避暑山庄"。

　　夏日的午后，我信步来到"避暑山庄"，走到几年前我们亲手栽植的白杨树下。这些白杨树现在已长成参天大树了，树干已有一抱粗了，树枝向上伸展开来，叶片在风中摇动，闪耀着一片片光亮。炎热到此却步，凉爽在此驻留，我享受到了书时下乘凉的清福！

寻一处浓荫，把报纸摊在软软的草地上，然后惬意地坐下，慢慢品读《唐诗三百首》。渐渐地，我就走进了那些诗人的世界里去了。读累了，就躺下来。呵，这才注意到，我的胳膊腿上，都沾满了草种子和花粉。我哑然失笑，这些野草闲花们也真是的，逮谁是谁啊，花粉都传到我胳膊上来了。哈哈，能成功嘛？还有，这么多的草种子也是的，粘到我腿上来，难道也能发芽呀？

闭上眼，感受夏日的温热，嗅到青草味的凉爽，啊，真是妙不可言啊！睁开眼，阳光从树叶的缝隙间闪到我面前来。好一个金色的阳光，天也真是蓝啊，高高的，远远的。能一个人就这样静静地躺在大地的胸膛上，树荫的凉爽里，花草们的簇拥间。噢，这滋味，怎一个"爽"字了得！

在这个繁花青草的天地之中，在这个闪耀着生命光彩的地方，一只只绿色的蚱蜢，都在悠闲地散步呢。你一抬手，呵，它就立刻消失得无影无踪。还有几只淡蓝色的小蜻蜓，正在草丛中曼舞，如果你片刻间静立，它或许会温柔地停在你的鼻尖上，这是一个美丽的误会啦。

傍晚时分，我要回家了。再见啦，你们这些多情的繁花青草们！你们的热情并没有枉费哟！因为在我内心世界里，花儿受粉了，草种子发芽了，而且很快绿成了一片……

噢！清静的后操场，青青的草场，我夏日里的"避暑山庄"，我爱你！

101

最美丽的风景

骑　马

兰杰华

　　这个暑假，我去了呼伦贝尔大草原，在那里，我有生以来第一次骑上了马背——那感觉，还真不好说！

　　一来到大草原，一想起影视剧里演的策马奔腾、纵横驰骋的场面，我就热血沸腾，仿佛自己已成为影视剧里的主人公，再也按捺不住内心的激动，直接赶到马场。

　　我挑的是一匹红黑结合的骏马，它似乎很不愿意出门——人来牵它，它就撅两下蹄子，仿佛要把牵马的人踢走。见人还是不走，还想把它拉出去，它生气了：头一撇，把牙齿给露了出来，鼻孔里喷出两团热气，做出龇牙咧嘴的样子，妄想以此威胁马夫，让马夫放弃。连哄带骂好一阵，马还是倔着不肯出门。见实在不行，马夫抡起鞭子就抽。在鞭子的威力下，马虽然挣扎了一下，但还是被硬牵了过来。

　　好不容易才把马牵了出来，看到如此不听指挥的马，我颤颤地问道："这马，能骑吗？"虽然马夫最后告诉我能骑，但我的心还是七上八下的：这马会不会把我甩下去呀？被甩下去了后我该怎么办啊？会有人来给我"收尸"吗？我越想越怕，最后干脆手一摆，撒腿就跑——不想骑，也不敢骑了！

　　当我正准备退缩时，脑中忽然想起了滑雪时妈妈教导我的画面。

是啊，还没尝试，怎能退缩？男子汉，就要有男子汉的气概——不能害怕！说到男子汉，我又想起了那电视剧里策马奔腾的男主角——他们都不害怕，我怕什么？一瞬间，我的勇气又回来了，我的心也开始痒了：不要怂，就是骑！一定要把这匹马征服！

按照马夫交给自己的方法，我先踩住马鞍，再一个翻身，然后跨上去……然而却没有成功。最后，还是马夫连抱带推，才把我放到马背上去的。

刚坐上马背，我很紧张，双手紧紧抓住缰绳——生怕自己会一个不小心摔下来，更怕这匹烈马会"造反"，摇摆身子把我晃下去。我的担心不无道理，这马好不安分，不是时不时前蹄朝天猛地蹿起来，就是不停晃动身子——目的只有一个，那就是让我重心不稳，直接摔下去。幸好我平衡能力很好，加上我双手紧紧抓住缰绳，才让自己没摔下去。

随着马夫一声叫喝，这马开始很不情愿地迈开蹄子——开始走了！此时，我依旧提心吊胆，生怕这马会把我甩下去，更怕自己摔下去之后不知会出现什么样的后果……然而，走了一段之后，我才发现自己的担心纯属多余——why？这马估计刚才被马夫打怕了，再也不敢乱来了。

看到马如此老老实实地朝前走，我很是高兴。可没高兴多久，我就发现自己的屁股有点儿不对劲了：一开始只是轻微的痛，越到后来越难受，到最后，仿佛屁股都不再是我的了——为什么？因为马背太硬，马一走动，马背上的你就像怒海上的小舟，一会儿抛上去，一会儿再落下来。一开始，还没什么感觉；久而久之，屁股上的微痛就转为剧痛——当马走完全程的时候，我的屁股已经麻了！

骑着马走了一程后，就是骑马跑了，呵呵，这个骑着马跑特带劲。如果说，骑着马走的你只是轻微跳动，那么骑着马跑的你就是飞起来了——那飞的感觉可真好！但是，快乐和痛苦就像一个硬币的正反面，痛苦往往会在快乐之后接踵而来。骑着马跑也是这样，当你享受完飞一般的感觉后，你立马就会体会到从天上掉到水泥板上的感觉——既然骑着马跑是在飞，那么飞完以后，自然就要降落了。可是这降落，并不像飞机降落那样有那么多的环节和过程，感觉就像是直接从天上摔下来！那感觉，不是一般人能体会到的，也不是一般人能忍的——这也正印证了那句被篡改的歌词：我要飞得更高，还要摔得更惨……

骑马前以为很爽，骑完之后才知道，其实骑马并没有想象中的那么"美"——任何事也一样，在还没有尝试、体验之前，不能先下定论，也不能想象得太过美好，因为事实和你的期望往往会有差距，有时差距还很大。

学课前奏曲

时馨园

下午第三节课刚下，一向准时的"老大"（我们的数学老师）又早早来"报到"了。"老大"一反常态地一声令下："都到操场走一圈再回来！去！"

大家的惊讶声不断攻向老大："为什么呀？""不，我还要写作业。"……

只见"老大"拿起了已生锈的教杆，像赶羊一样把我们赶了出去。"哎呀——疼。"我说。又听见一声声"哎呀"向我传过来。我还在发愣，回头一看，原来是"老大""打"我。我心里不服气："你为什么把我们赶到操场？"说着我就跑到教室门口，生怕"老大"来攻击我。我刚到门口就看到布置英语作业的苏珊也被赶了出来。此时门口已是水泄不通。大家不停地埋怨"老大"。"老大"大声说："谁不到操场，这节数学课就不用上了，在门口站着吧。"大家听了这话都一齐下楼向操场跑去。我想：坐了一下午了，玩一玩也可以，还能放松放松，还赚了呢。一声"喊，还不想回去了呢！"打断了我的思绪。一看，原来是周敬涛，我没说什么，或许我应该去对他说不能这么说，或许我应该与他一齐这样说，可惜我什么也没说。

来到操场，大家很快就多云转晴了。大家有的跳皮筋，有的做游戏，有的在一起闲聊……

时间如流水，课间很快就过去了，大家快速跑回教室。"老大"笑眯眯地让我们进来。大家精神饱满地坐得笔直，这是从来没有过的。因为随着年级的升高，学习的担子也越来越重，一天很少有谁愿意浪费课间写作业的时间出去玩耍。就这样一下午都精神欠佳，甚至还想睡觉。

此时，我忽然明白了"老大"的良苦用心……

成长的滋味

闫明琪

时间的年轮已悄然转过了十个春秋，蓦然回首，心灵的历程犹如一条小溪，流淌过鲜花环绕的小径，也遭受过飞沙走石的阻挡。我在不知不觉中成长……

——题 记

光阴似箭，岁月如梭，似水般的流年诠释着成长的含义。而人生的旅途中，如同打翻了岁月的五味瓶，使我细细地品尝着其中的滋味。对我而言，酸甜苦辣咸，样样都有。

不再是那个吵着要妈妈讲故事的小女孩，不再会为了一个芭比娃娃大哭大闹，而是常常看到镜子里脱去稚气外衣的自己，想着如何能不再让爸爸妈妈为我太操心受累。

成长的滋味是理解。

不再像以前一样摇着小脑袋童声童气地唱儿歌童谣了，却常常被《二泉映月》感动得泪如雨下，体会着盲人阿炳留给我的悲凉哀伤的人生思考。

成长的滋味是感悟人生。

不再在作业本中故意写几个错别字来考察老师的眼力，却常常对老师花白的发丝、额上的皱纹以及沾满粉笔灰的手指充满感激。老师谆谆的教导和不倦的帮助让我对"春蚕到死丝方尽，蜡炬成灰泪始干"有了更深的理解。于是便有了勤能补拙、忘身书海、埋头苦读、用功到天亮的刻苦。

成长的滋味是感恩报答。

不再为一件小事和同学争得面红耳赤，不再会和伙伴一起傻傻地做着浪漫的公主梦，却常常会在夜深人静时，品一杯冒着热气的浓茶，看着深蓝的天空，让浮躁的心归于平静，在月色下，数着星星，抱着梦想入睡。

成长的滋味是成熟。

成长是地上的一棵小树苗渴望长成参天大树。

成长是江河中的一条鱼儿渴望跃过龙门，遨游沧海。

成长是天空中的一只小鸟渴望高高地自由飞翔，云海任由搏击。

走过成长的岁月，尝过旅程中的酸甜苦辣，我们将走向成熟。真正地成长，是思想上的成熟。

茶香芬芳

谢敏婷

望着精灵般的茶叶在热水中翻滚，一缕缕芳香从烟雾缭绕的热气中散发出来，沁人心脾，我的心灵触动了，这，不是母爱的芳香吗？

夜，很静，很静。我坐在书桌前，淡黄的灯晕照在试卷上，窗外，灯陆陆续续地灭了，只有几盏灯还亮着，也许还有母亲在等待着游子归来，或者还有像儿子这样的学子在埋头苦读。

灯亮了，又灭了，我房间的灯依然亮着。

月，很圆，很圆。皎洁的月光轻洒在大地上，透过窗，直泻在我的身上，外面如"庭下如积水空明，水中藻荇交横"。

房门开了，妈妈挪动着脚步，一步一步地向我走来，那脚步轻轻的，悄悄的……妈妈走到了我的身边，底下身，对我说："孩子，早点儿睡吧，不要把自己累垮了。"

正在绞尽脑汁的我，正对着习题发愁，刚想出了一点儿头绪，无疑被妈妈突如其来的话吓跑了，我不耐烦了，说道："要睡了，你自己去睡了，没看到我忙着。"妈妈怔了一会儿，挪动着轻碎的脚步走开了，只不过，那脚步越来越远……

那轻盈的脚步，如重重的铁锤打在我的心上，愈来愈痛，我不禁问道："妈妈如此关爱我，我怎么这样对她？"

幽香，人也一样，要经过大大小小的挫折才能散发出生命的芳香。

我听到那脚步又响起了，只是她更轻、更静，妈妈拿着一杯冒着腾腾热气的茶放在我的桌面上，刚要离开，我再也忍不住了，愧疚地说："妈，刚才我……"

妈妈微微一笑："孩子，妈不怪你，只要尽力了，就行了。"茶香散发出茶杯，轻啜一口，沁人心脾，我的心灵触动了，这，不就是母爱吗？

"人也一样，只有经过大大小小的挫折，才能散发出生命的芳香……"这句话又在耳边响起。

108

我这个季节

许琳哪

我走，我停，我观，我悟。在秋这个季节。

——题记

我走啊走，在秋天的葡萄面前。

深秋的葡萄像含冤的眼睛，虽然被秋霜凌辱，却依旧鲜亮，晶莹剔透，闪着不肯谢幕的光。

我走啊走，在秋天的阳光面前。

阳光不再蹦蹦跳跳，像个顽皮的孩子一下子变成了少年，一下子就有了心事。阳光开始为那些在秋天哀愁着的人工作了，为他们摊开伤心的绿，晾晒着寂寞的红。

我走啊走，在秋天的流水面前。

秋时的流水是浩渺的，真的是浩渺。她总是一大波一大波地流，像是要尽快将肚子苦水吐干净似的。但她又从不哗哗地响，就只是流，安静地流。

我走啊走，在秋天的雨丝面前。

雨变成了雨丝，冷飕飕的清凉入骨。从夏天的轰轰烈烈一下子变成"愁永昼"，她也是哀怨的，就淅淅沥沥个不停。她又不如春那般缠绵，她是拖延，每一根她都极其小心，慢慢，慢慢的。

我走啊走，在秋天的天空面前。

天是惨淡的，凄惨，他是"薄雾浓云"，时常还乌压压一片，当然，更多时候他是白色，或加几朵云用来装饰，倒不如说是遮掩吧，他是让人捉摸不透的，喜怒从不轻易显现。

我走啊走，在秋天的人面前。

秋天不得不说是个打盹的好季节，人们在秋天比夏天更容易犯困！睡后的人是极容易与秋景融为一体的。他们已然融为了一体！人是秋景，秋景含人。几夜萧萧雨，湿尽檐花，花底人无语。

静夜半，歌声妖娆，茶叶在杯中起浮，呷一口清茶，捧一卷唐诗宋词，走过千年的哀愁，秋这个季节，最是朦胧，笼着光晕。

原来没那么简单

周静雅

老妈喜欢尝试，尝试生活中她不曾有过的、不曾经历过的所有事情。最近，她在尝试做面包。

看着一件件搬进家里的新玩意儿：面包机、擀面杖、案板……再想一想我对美食的绝对偏好，星期日，做完作业后，我马上夺过老妈手里的厨具，接手她将要完成的任务。

我随意地瞥了一眼说明书，然后装作十分老练的模样，往面包机里加入面粉和水，尽管还是撒出来一点儿，但看到我像模像样的动作后老妈微笑地离开了。

处理完撒出来的东西，我严格按照说明书上标注的用量、时间、温度进行了一系列调节工作，随后，在轰隆隆的声响中，面包机开始了工作，我一脸兴奋地宣布我即将大功告成。正当全家准备大肆庆祝的时候，厨房内突然传来一声通天巨响，吓得我立刻趴到地上。还是老爸比较镇定，他迅速冲进厨房，先把插头拔掉，再用家用灭火器对着冒着白烟的面包机，恨不得把其中的二氧化碳全部倾泻上去。后经调查，原来是我的酵母放太多了，又因为盖子盖得太紧，就发生了本来只该发生在化学实验室里的一幕。看着溅得到处都是的面糊，我摸着脑门儿，十分尴尬。幸好，面包机没有受到什么损害，我迫不及待地试了一下，嘿，可以继续工作，在征得爸爸妈妈同意后我又开始了我的尝试。

这一次，我严格控制酵母的用量，防止厨房内"面花四溅"，当一切准备妥当后，我再次披挂上阵。尽管进行了细心的检查，但我还是战战兢兢，再次按下启动键后，我便捂着耳朵躲进了相隔厨房至少有十米的卧室，奇怪的是，这次并没有发生任何异常，而是听到代表已经完成的一声"叮"。

"老爸，老妈，快出来欣赏我的大作！"我顿时喜出望外，一边嚷嚷着一边奔向厨房，查看我的战果。正当全家拿起刀叉果酱准备品尝的时候，我失望地发现，我做出来的面包像发糕一样多孔蓬松，细尝还有发酵的酸味，并不十分可口。

当我一边抱怨一边打算用自己传奇的"领悟"再一次放手一搏时，老妈拦住了我："别闹了，先好好研究一下具体的方法再去尝试吧。"尽管有点儿不情愿，但这一"炸"一"松"的教训的确深刻，我开始上网查看别人的博客，并向老妈的一个同事进行了咨询。

第二天，我严格按照规定的规程及老妈同事向我传授的秘诀，又做了一次，可想而知，这次是绝对地成功。再后来，不仅成功做成了普通面包，就连中式点心、烤肉、饼干等也一气呵成。看着满桌的"作品"，老妈拍着我的头，意味深长地说道："一切的成功，哪怕是一件很小的事情，其实并没那么简单。"我深有同感地点点头。

"沙场战记"

宋 佳

　　"敢不敢跟我杀一盘？"爸爸向我挑战，我毫不在乎地说："来，我才不怕呢！"摆好棋盘，爸爸的"炮"第一个冲锋陷阵，开进了我的地盘，紧接着"站"在"兵"前面。爸爸不紧不慢地喊："将军。你想不开，也不要自寻短见呀！"我轻笑一声，"兵"昂首挺胸地向前迈了一步，把"炮"踢出"战场"。爸爸立刻着急起来："哎呀呀，我今天怎么如此冒失？"过了一会儿，明修栈道，暗度陈仓，他使了一招"偷车将"。可怜的"车"，你真苦命呀！我一定要替你报仇！

　　"快呀！"爸爸得意地催我。哼，咱们走着瞧！我极不情愿地把"将"向前挪一步，"哈哈！你输定了！"自以为胜券在握的爸爸指挥着他的"车"，横冲直撞，完全不把我放在眼里，却一不小心落进了我的"马"口。爸爸立刻像泄了气的皮球，软绵绵地趴在桌子上。"不要灰心嘛，胜败乃兵家之常事，要不，我让你一子吧！"激将法果然奏效，爸爸瞪大眼睛说："我岂能输给一个黄毛丫头？看我怎样收拾你！"他连续向我猛攻，不过，我处处设防，小心应付，逐步取得了主动权。最后，爸爸终因寡不敌众，宣告无条件"投降"。

　　由于第一局吃了大亏，第二局开始的爸爸走棋显得特别小心。

我士气正旺，下手毫不手软，经过几十个回合的较量，他被我杀得落花流水，溃不成军。眼看胜利就要到手，我优哉游哉地直乐。爸爸咬紧牙关，额头沁出了细细的汗珠。忽然，他抹了一把汗说："将！"定睛一瞧，我那可怜的"老将"竟成了瓮中之鳖，想逃都逃不了了。唉，"大意失荆州"啊！爸爸笑着说："姜还是老的辣吧！""可是辣椒还是小的辣呀！"爸爸用手轻轻点了一下我的额头："你这小丫头，还敢和你爸强词夺理！"

"大师们，是吃'车'还是吃鸡呀？"妈妈双手叉着腰，假装生气地说。我和爸爸你看看我，我看看你，立刻收拢棋盘，走到餐桌前抓起红烧鸡狼吞虎咽地吃了起来，妈妈在一旁看着，甜甜地笑了……

埋"地雷"

蒋　欣

平时，我和哥哥随着爸爸一起住。每逢周末，妈妈才从公司回家团聚。

一个星期日的晚上，和往常一样，妈妈为我们做了许多菜：红烧肉、清蒸鱼、水煮虾、炒青椒，当然少不了我们兄弟俩最爱吃的荷包蛋。

我们俩欢欢喜喜地坐到餐桌边，等着爸爸妈妈一起共进晚餐。妈妈走过来，抚摸着我们的头，亲昵地说："孩子们，你们饿了，先吃吧！拣自己喜欢的多吃点儿。"这时，爸爸往我们碗里堆了许多菜，还给我们每人加了一个荷包蛋。我看看哥哥，哥哥也看看我，不由得笑了。

可能是排骨汤煮沸了，爸爸离开桌，快步朝厨房里跑去。我灵机一动，计上心来，趴到哥哥耳边悄悄地说："哥哥，我们来埋'地雷'好吗？"哥哥听了，会意地点了点头。趁妈妈不注意，我迅速将荷包蛋藏在爸爸的饭碗里，上面用米饭盖住……妈妈似乎发现了什么，连忙问："你们在嘀咕些什么？饭菜都凉了，快吃吧！"我歪着脑袋，眯着眼睛，狡黠地说："这是'军事秘密'……"

爸爸端着热气腾腾的排骨汤走过来，小心翼翼地把汤碗放到桌子正中间，笑着说："菜齐了。来，尝尝我做的排骨汤！"他一边说一边端起饭碗，大口大口地扒起饭来。这时，我俩不约而同地盯着爸爸，心里怦怦直跳，等待着"地雷"的突然"爆炸"。

爸爸吃着吃着，终于咬到了埋藏在碗底的荷包蛋。"哟，谁干的好事？"他惊叫起来。话音刚落，我俩欣喜若狂地叫起来："'地雷'爆炸了！'地雷'爆炸了！"

蛋黄顺着爸爸的嘴角流了下来，他不知所措地推着我的肘部说："快，毛巾！毛巾！"妈妈见了，抿着嘴直笑。我离开了饭桌，笑得连腰都直不起来了。幸福的笑声溢满我家的小屋……

我爱你，校园

蒋辛曼

当一层层朦胧的白纱带着满怀的留恋散去的时候，当晨曦带着清新降临到人间，整个校园一片清新明亮。青翠的树叶像一块块无瑕的翡翠，在阳光的照耀下闪闪发光，晶莹的露珠像珍珠粒一般在上面滚来滚去，像个调皮的小宝贝，好不自在！

走进校园的大门，扑入眼帘的是一座巨大的孔子雕像。孔子神情严肃，双眼凝视着远方，像在思念远方的家人。在孔子的脖子上，挂着一条鲜艳的大红领巾，好像在对来往的少先队员说："欢迎你们来到温师附小！"真是有趣极了！在孔子的脚下，摆着一本厚厚的石头书。我仔细地阅读书上的内容，觉得迷惑不解：这是什么字啊？这时，耳边仿佛响起孔子浑厚的声音："孩子，只有知识渊博的人才能读懂这本书。你想读懂它吗？请好好学习，天天向上吧！我会盯着你的呦！"

再往里走，是一片宁静祥和的"竹海"。一根根竹子好似一个个身姿挺拔的士兵保护着校园。在"竹海"周围是一片生机勃勃的百花园。花姑娘们各自梳妆打扮，为接下来的"花王争夺赛"做准备呢！你看，杜鹃花伸展枝条，腰肢更柔软了；牡丹花张开叶片，接受阳光的沐浴，变得又大又艳；百合花放声歌唱，一首首美妙的歌曲在耳边回旋……一朵朵花争奇斗艳，鲜艳馥郁，犹如仙女下凡！

在"竹海"的左边，有一组以"哺乳"为主题的雕像。只见鹿妈妈弯下脖子，深情地哺乳着鹿宝宝。鹿宝宝则伸长脖子嗷嗷待哺。而在右边，是一组"牧童骑黄牛"的雕像：两个小牧童骑着黄牛漫步林间，一不小心，其中一个胖牧童滑下牛背。幸亏他机灵，抓住了瘦牧童的脚。每次看到这组雕像，我都会情不自禁想起："牧童骑黄牛，歌声震林樾。意欲捕鸣蝉，忽然闭口立。"

"丁零零，丁零零。"呀，下课铃响了。同学们争先恐后地奔向操场。不一会儿，操场上就变得人山人海了！霎时，操场上同学们的欢呼声淹没了整个校园。有的同学在跳绳、有的同学在打篮球、有的同学在踢足球、有的同学在打乒乓球、有的同学在打羽毛球、还有的同学在打排球……所有的人都玩得不亦乐乎，满头大汗，气喘吁吁，上气不接下气！

这就是我的学校，我爱我们的校园！

家有"守财奴"

杨　畅

我妈是个会计，而且是个会计中的战斗机！她，总是那么的精！打！细！算！

老妈对数字特别敏感，算起账来和计算机一样精确。她不但自己有记账的习惯，还要求我们把日常开销都记录下来。

周末，老妈拿着百元大钞，让我和姐姐去超市买零食。我们一回家，她就开始盘问："杨小畅呀，你买个小吃就花掉了我六十九块一毛两分？来说说，你这钱都花哪儿去了？""呃，我就知道会这样。"我嘀咕了一声，然后像背诗一样，响亮又认真地"背诵"道："鸭翅8包，消费24.8元；小排骨6包，15.12元；QQ糖2袋，消费4元……""你来说说，如果你少买一包鸭翅会带多少钱回来？""72.22元。"我脱口而出。

你们一定很好奇：我为什么不拿小票都能记得这么清楚？唉！还不是因为我从小就被会计老妈培养出了记数字的好习惯。如果我记不住这些数字，或者不能快速地回答她的各种提问，那下周就别想去超市买零食了。作为吃货的我，只好练出了这分角不差的本领。老妈时常自夸，说我口算的精确和速度都是她培养的。哼，也算吧。

朋友们都说，会计是手握金钥匙的工作，可老妈在我眼里却是个"守财奴"。你别以为她包里会有一大沓百元大钞，她把钱都存在"余额宝""壹钱包"等理财平台上。用她的话说，赚一分也是爱！唉，有这么一个会精打细算的老妈，我们全家的钱包都是瘪瘪的。

前几天，她又让我把压岁钱存在她那儿。我非常抗拒，总觉得她把我的钱骗她口袋里去了。而且呀，这钱进去容易出来难。我以前的压岁钱、稿费什么的都存在她那儿，想自由支配，简直是没门！我早就想好了，今年的压岁钱我要自己存银行。老妈见我态度坚决，就打开APP和我算起账来："杨小畅，你别以为我把你的钱都花了，我在帮你理财呢！钱生钱懂不懂？你的压岁钱加上稿费一共是23120元的本金，在你老妈这样的理财高手手里，已经赚了2134元的利息了。如果你把今年的压岁钱再存进去，利息就够你吃好几次必胜客了。"我一听"必胜客"三个字，就乖乖地把钱掏了出来，等缓过神来，才惊呼上当了。钱进了"守财奴"的口袋，真想拿出来花，她一定会说："一天两三块钱的利息呢！坐公交车的钱都赚回来了。"

唉！家有"守财奴"，是悲还是喜啊？

可爱吃货

葛　杨

"民以食为天"，这话一点儿不错。我身边就有着一位把吃看成比天还大的事的人。她，鸡腿是用啃的，可乐是用灌的，面包是用吞的，棒冰是用咽的……在她的世界里，"幸福"与"吃"就是一行完美的等式。

她是我的室友，名叫蔡云霓，我们都亲切地称她"小霓子"。她可是个"萌妹子"喔。乌黑亮丽的头发，水汪汪的眼睛，高高的鼻梁，瘦削的脸庞，一笑起来简直可以萌化你的心。但在我眼里，她可是位永远长不大的小姑娘呢。

别看她是个"萌妹子"，其实她的内心也有狂野的一面。这事还必须从上个周末我和她一起逛马路说起……

那天晚上，秋风爽爽的，月色亮亮的，我和小霓子走在宁静的夜色中，愉快地聊着天。突然，一位同学骑着电动车与我们擦肩而过，还跟我们打了声招呼。小霓子反应过来后，立马放声大喊："停车！带我回宿舍！"那电动车很小，最多只能载两人。我心想："小霓子一定是开玩笑的，她总不会抛下我一个人吧。"谁知道，那同学停了车，小霓子便小跑过去。我一怔——这个没义气的家伙，想留下我孤家寡人呀！

眼看小霓子就要上车了，我突然发现前方有家烧烤店。我灵光一现：哼！

我故意提高嗓门儿："可惜啊，本来打算请你吃烧烤的……既然这样，我只好一个人边赏月边吃烧烤啦……"小霓子那驴耳朵的听觉真灵敏，"呼"地掉过头来，两眼放着绿光，连忙"招呼"那位同学离开，以迅雷不及掩耳之势窜到了我面前，摇摇我的手臂，说："'狗狗'，走吧，再不去人家就关门了。"然后，还没等到我发话，就拖着我的手臂向前跑去。

我好不容易挣脱开她的"魔爪"，边喘气边说："急什么啊，等我看看身上有多少钱再说。"我两手依次把身上的口袋都摸了个遍，无可奈何摇头叹息："唉，钱没了……"只见小霓子眼中的绿光瞬间消失，半信半疑地盯着我，幽幽地说："不会吧？你再找找！"说着，亲自动手，把我的口袋都翻了个底朝天。看着她那滑稽的模样，我忍不住爆笑起来。小霓子抬头看看我，满脸诧异："你，没忘了吃药吧？"我不在意地翻翻眼："我知道我确实没带钱。谁让你不讲义气的，我这是'以其人之道还治其人之身'，哈哈哈！"小霓子一听，伤心欲绝啊："可怜我苦苦一生，连好姐妹都要欺负我呀……"

这就是我的室友小霓子。虽然是个吃货，但很可爱，不是吗？让我们一起和她"萌萌哒"吧！

车　站

夏鸣卿

一个阴雨霏霏的日子，得知外公病重，母亲连忙带我到长途车站坐车回老家看望外公。

到了长途车站，四处无人，空荡荡的站台只回荡着母亲与外婆的通话声。凛冽的寒风，淅淅沥沥的小雨打在脸上，让人瑟瑟发抖。这时，我看见一旁有位老人躺在地上。

我走上前去，原来是他从台阶上摔了下来，手肘和膝盖蹭破了皮，流出血来，血水交融。老人穿的棉衣也破了几个大洞，粗糙的皮肤暴露在这寒风中，变得红肿。他的脸上已没了红润，苍白而无力，嘴唇控制不住地颤抖着。他看见我，想要求救，却只发出阵阵呻吟声，令人怜惜。

我正想上前帮他，母亲却在后面一把拉住我，说："别多管闲事了，车子马上就要来了。这里没人还没有摄像头，他讹咱怎么办啊？""可这样他有可能会冻死啊？""不要管他了，总归会有路人来的。""可这也是一条生命啊，你十分关注外公的安危，那你怎么就不关心一下这位老人呢？""管好你自己吧，反正我说什么也不会同意的。"

我看着老人布满血丝的眼睛，充满了无助和对生的渴望，不禁想去帮他。可当我想到最近发生的多起老人讹诈路人的事情，又收回了伸出的手，往后退了几步。我挣扎着，思索着，不知所措，是扶，还是不扶，各有各的道理。这社会怎么变成这样了呢？想起小时候，听外公讲他摔倒后，好心人帮忙的事，可现在我看到了摔倒的人却要三思而行，外公知道了会有什么想法呢？也许这就是人性吧，内心深处是善，脑海里是恶，善恶相加，才是人，没有绝对的善，也没有绝对的恶。

我矛盾了一番，最终决定追寻自己的内心，走上前去，拉住他满是青筋的大手，用力将他拉了起来。老人刚走了几步路，又一个踉跄，我连忙搀住他，扶着他坐到一旁的座位上。我又递给他一瓶水。过了一会儿，老人缓过神来，十分激动地握住我的手，说："谢谢你，孩子。要是没有你，我估计就要死在这荒无人烟的地方。谢谢你。"母亲见到老人没有讹我的意思，深锁的眉头也舒展起来。

一个小小的车站见证着许许多多的故事，也让我坚信：人间自有真情在。

正月送祝福

罗春梅

在我的家乡，每年从正月初五开始，人们便会给每家每户送福。送福的清晨，人们早早地从睡梦中醒来，特别是小孩子。我当然也不例外，一大早就起来和妹妹帮妈妈做接福的准备。我们把凳子放在家门口，上面摆放着水果和干果，还有准备接福的红蜡烛、香火、鞭炮以及红包。妈妈说这红包是给送福的队伍的。我疑惑地问："那要给多少钱呢？"妈妈告诉我："封的钱越多越顺心！我们乡下人家尽心尽意就好，各方神爷定会保佑的。"我听了似懂非懂，只盼着快点儿看到那热闹的场面。

我和妹妹时不时地跑到马路上，踮起脚张望。突然，不远处隐隐约约传来唢呐和锣鼓的声响。我和妹妹飞奔到马路上一看，送福的队伍真的来了！我们开心地欢呼起来！浩浩荡荡的队伍越来越近，前面是年轻力壮的青年抬着关公、财神爷等神像，中间是一群小孩儿举着旗子、灯笼，后面是敲锣打鼓吹唢呐放鞭炮的。妈妈立马点燃红蜡烛和香火。

送福的队伍到我家门口，就把神像放下。妈妈满脸笑容地放起鞭炮，"噼噼啪啪，噼噼啪啪——"我想，这就是接福吧。接着，妈妈热情地招待送福的队伍："请喝茶！随便吃点儿果子！"他们满脸喜色，纷纷说道："新年快乐！大吉大利！心想事成！……"我家门前围满了人，小孩子对着威严的神像，看看这个，瞧瞧那个。送福的人们喝着热茶，吃着糖果，好不热闹！过了一会儿，妈妈拿出红包说："这是我家的一点儿心意……"送福的人接过红包，又说了好多吉利的话。

接福完毕，队伍又挨家挨户地去送福。我们小孩子一蹦一跳，跟在队伍后面看热闹。

人们年年送福，家家户户年年接福，这已成为我们家乡春节的一种风俗。

漂亮阿姨

林静姝

妈妈出差回来了，得去火车站接她。时间较急，我拿上市民卡就出门了。

进入地铁一看，我晕场了：人，从，众……摩肩接踵。天！今天赶上什么好日子了，人这么多？座位？想都别想。能有个立身之地，已经非常非常不易了。

"哪来的野孩子，踩到我的鞋还不道歉？有没有点儿素质啊？学校老师没教过你啊？一点儿礼貌都没有。一点儿家教都没有！野孩子就是野孩子。"哎呀，不好，踩到这个人了！貌似踩得还不轻。

"阿姨，对不起啊？我，我……我不是故意的。"慌乱中，我嗫嚅。"对不起，有什么用？今天是碰到什么事了？一天的心情，都被你给破坏了！"她侧着身子朝我凶，唾沫星子喷了我一脸。

阿姨如果不生气，还是挺漂亮的：虽说眼角有几条鱼尾纹，可头发被精心盘着，一丝不苟地蹲在脑后；身穿今年较流行的红色休闲风衣；指着我的那个纤长手指，不单涂了指甲油，还嵌着一小串闪闪发光的钻石；脚蹬一双黑色尖头高跟鞋。很可惜，鞋面上有一小撮黄色泥巴……唉，刚在泥地上运动的鞋，我都没来得及换。

阿姨可能也感觉到我在看她，又"啪啪啪"射来一长串唾沫星："这鞋，一千五百多呢！你看这皮！它可是我女儿从香港带回来的。你再看看被你给弄成什么样了，你说怎么办吧。"怎么办呢，我？赔是赔不起，这么昂贵的鞋……打个电话，请求妈妈支援吧！手往口袋里一摸：糟糕，手机也没带！

怎么办？能怎么办？还是帮阿姨擦擦吧！周围的乘客依旧不停地挤着搡着。掏出餐巾纸，我挣扎着想蹲下。这时，一双手拉住了我："这位同志，地铁这么挤，免不了被踩到脚。得饶人处且饶人，好不好？怎么说她都是个孩子啊。"

"你这说得什么话？我有什么错？这野孩子踩坏我的鞋，没叫她赔就便宜她了！擦擦怎么啦？"阿姨把侧向我的头一抬，摆出要大吵一场的架势。

"可人家孩子也不是有意的啊！她已经和你道过歉了，不是吗？这么斤斤计较，至于嘛？你就没踩过别人？可别怪我没提醒你哦：这么挤，鞋踩脏了不要紧。孩子蹲下若被踩坏了，你可要吃不了兜着。"

听声音，帮我的这人，也是个阿姨。我艰难地侧过脸，确实这阿姨也很漂亮：长发披肩，黑色套裙，彩虹式小丝巾的映衬下，双眼闪闪有光，像夜空中最亮的星。最吸引我的，其实还是她嘴角的那抹笑容，大气、自信、有积淀。

也不知是不是当真良心发现，还是被这阿姨的最后一句给震住了，早前那阿姨从鼻子里"哼"了一声，就别过脸去，再不吭声。

两位阿姨，一样的漂亮。可漂亮与漂亮之间的差距咋这么大呢？接下来的地铁时光，我都在琢磨这个问题。

哈喽，女足

王　景

校女足比赛正在进行。

起风了，穿着单薄的我们在瑟瑟发抖。上场后，看到对方那么强悍，我就好比见到饿狼的小白兔，双脚发软，但观众席上的同学们都在为我们呐喊加油，我怎么好意思临阵脱逃呢！

对手好像都不怕冷，马上在场地上跑出了架势，我们只好紧紧地跟着她们的进攻队员。一个华丽的传球，对方后卫竟然把球从我队两个后卫的中间空档传了过去，对方前锋直接带球向前冲了过来。我心想：妈呀，单刀球啊，开场才几分钟啊！我们望着球无能为力，只能把希望寄托在门将胡文涵身上。

不妙，射门了！

不过，胡文涵像平常训练一样，勇敢地扑了过去。还好，对方的力度不大，球被她抱住了！

真是有惊无险。全场响起了一片欢呼："文涵！加油！文涵！加油！"我跑过去拍了一下她的肩膀："好样的！"队员们纷纷向她竖起了大拇指。

也许是她鼓舞了我们的士气，我们互相喊叫着、鼓励着。我精神紧绷，已感觉不到一丝寒冷，浑身充满了斗志。心雅带着球往对手禁区那边跑，一不小心，球往边线滚去。"王景，快！"郑老师在边上喊道。

我奋力追去，我能感觉到所有人的目光都落在我身上，他们跟我一样紧张。我碰到了球，用力往回一扣，再一脚，球往禁区前沿飞去。婷瑶正好赶上，看准球门，用力一脚，球进了！

"耶！"我们班的观众席都沸腾了！

我助攻了一个！我跑到婷瑶面前，击掌庆祝。

接着，裁判吹响哨子，又开球了。我们两队队员一窝蜂地冲向球，人仰马翻好不混乱。我被绊倒了，没感觉到疼痛反而感觉身下软软的，像是坐到了谁的身上。

"王景！快下来！"队长少珍冲我大叫。

"球来了！"不知是谁喊了一声，我顾不上队长，赶紧起身将球踢开。慌乱中我随便一踢，球又被婷瑶抢到了。她带球狂奔，一脚怒射，球又进了！"耶！"欢呼声更加响亮了。进攻、防守、再进攻，对手完全丧失了斗志，我们又进了三个球。

"5：0！"我们的欢呼声在空中飘扬。一阵风拂过耳边，好像在说："哈喽，女足！"

我坠入了微信圈

朱奕臣

现在出门购物还带钱包？不好意思，我只能说你过时啦！手机在手，付款不愁。科技的进步，给我们带来了各种便利，也改变了我们消费的方式。

我和微信像是鱼和水似的，因为过于沉迷微信，我坠入了微信圈。微信长老对我说，要我走到每个人的家中探访一遍，才能离开微信圈，回到现实世界。

我心急如焚，迫切地想出去，但是眼花缭乱的朋友圈早已将我的双脚缠绕，我无法动弹，只好束手就擒。

我来到了一个坐月子的阿姨家。她正在秀自己的宝宝。一张天真可爱的"萌"宝照片出来了，阿姨觉得不美，便打开了火爆的美图软件——天天P图，使用了疯狂变妆，还加了好多的特效，整个宝宝已经变了样，十分不自然，但是微信里的甜言蜜语还是让阿姨心满意足。

我又来到一个漂亮辣妈的家。她装扮起来婀娜多姿，身形优美，她的自拍让圈里的朋友赞不绝口。一张嘟嘟嘴，一张兰花指，一张抿嘴笑……让大家感受到她的魅力。

在茫茫人海中，我逛到了我最讨厌的——宣传族！他们天天在为自己的微店宣传，什么衣服、食物，天天散播，让我头疼。他们像是控制不了手脚似的，一发就是二十几条，这样真的让人很反感。还有投票，什么为谁加油，为谁点赞，这些都是商家赚人气的伎俩，天下哪有免费的午餐？你的梦想很丰满，可现实却往往和你预料的相反！

微信是把双刃剑，有利也有弊，如果你能好好地利用微信，其实微信也是一个将一户户家庭连接在一起的神器。微信，让更多人接触到高科技，朋友圈，可以让人与人之间关系密切，从陌生变得熟悉……微信拉近了人与人的距离，让更多人看到了时代的发展！

这次的微信之旅，我受益匪浅，微信长老，我还可以再游览一次么？

火车晚点让我忧

林笑语

"丁零零——"在闹钟响起的第一时间，我就从床上一蹦而起。平时，我觉得闹钟的声音既讨厌又刺耳，可今天，我却觉得它格外亲切，因为，今天我要到襄阳火车站接从深圳回来的妹妹！

到了火车站，我以百米冲刺的速度奔到出站口。妈妈说："再过十几分钟妹妹就要下火车了。"我高兴得手舞足蹈。我在出站口的电子显示屏上寻找着Z230次列车的信息，突然，我看到Z230次列车的到站时间一栏显示着"晚点一小时二十三分"。唉！我垂头丧气地望着出站口，心情降到了冰点。

妈妈无奈地坐在旁边玩着手机，我则一边在出站口踱来踱去，一边专心地听着车站广播的通知："×××次列车就要到站了，请做好接车准备。"每次广播一响，我就会迅速跑到出站口四处张望。虽然我知道妹妹不会从这列火车上下来，可我还是情不自禁，希望能发生奇迹。看着出站口的铁门开了关，关了开，我真想让时间过得快一点，再快一点儿，再快一点儿。

终于，广播里又传来了优美的声音："Z230次列车就要进站了，请做好接车准备。"那一刻，我觉得这简直是世界上最美妙的声音！看到列车员打开出站口的大门，我的一颗心激动得都要蹦到嗓子眼儿了。我屏息凝视着出站口，希望能快点儿看到妹妹。

不一会儿，成群结队的旅客朝出站口涌来。人太多，我又不够高，看到的全是脖子。急切地想见到妹妹的我把淑女形象全抛到了九霄云外，我稍稍下蹲，然后使劲儿向上一跳，把所有的脸尽收眼底。哈哈！妹妹的身影出现了！我兴奋地扯着嗓子大喊："朵朵！朵朵！"顿时，周围的人都朝我看来，我的脸"唰"的一下红了。

终于接到妹妹了！我紧紧地拉着妹妹的小手，生怕火车再把她载到别的地方去。虽然火车晚点让我等了一个多小时，但一想到暑假有这个小家伙陪我玩，我的心里还是美滋滋的！

窗内，窗外

　　我有一个梦想，就是成为一只能够翱翔于天空的鸟儿，拥有人人羡慕的翅膀。然而，我却摆脱不了身上的禁锢，只能坐在窗内仰望天空。

公交车上的温情

冯　云

　　一天，在下午的特长班下课后，我朝319路公交车奔去，今天是糖球会，人很多很拥挤，我费力地挤上公交车，后面的人突然一挤，我一不小心一个趔趄就向前倾去。突然一双温暖的大手扶住了我，是公交车司机："小心一点儿，别摔倒了。"她笑了笑，柔声地提示我。我连忙朝她道谢，然后站到旁边的位置开始细细地端详着她，她扎着马尾辫，身穿一套蓝色的工作服，又带着一双粉色的套袖，显得格外亲切。

　　就在她坐回位置准备启动公交车的时候，从后视镜上出现了一位拄着拐杖的老人，他急切地迈着步子，拐棍戳着地面发出急促的"咚咚"声，女司机赶忙停下车来，等着那位老人上车；那老人早已经累得气喘吁吁，快要走不动路了，迈出的步子也小了许多，终于他停下来了，一手掐着腰，一手扶着拐杖在那儿大口大口地喘气，不知是哪个人喊了一声："大爷，我过来扶您吧。"车上一下子沸腾起来，有两三个男青年下车扶着老人，一步一步地走向公交车，当老人迈上台阶的时候，女司机一边搀扶着老人一边说："您别着急，不打紧。"终于老人上车了，有几位学生赶紧让位示意老人过去坐。老人不停地说谢谢，还感慨道："如果像你们这样的好心人再多一点儿，这个社会的风气会更好。”

"开车了，注意扶好把手，别摔倒了。"在女司机的温馨提示下，车子开始发动起来，载着车厢里满满的温情向前驶去。

其实，做好事并不难，关键在于你是否有一颗乐于助人的心，因为身边有更多的人在不断传递着正能量，所以才会有这种人与人之间互敬互爱的温馨场面。

外婆家的老相册

张可雨

要去住新房子了，外婆在整理要搬的物品。突然外婆神秘地说："给你看样东西，你准没见过。"是什么呀？我的好奇心一下子被勾了起来。只见外婆从柜子里捧出一本厚厚的相册递给我。"不就是照片吗？谁没见过？"我一边嘟囔着，一边随手翻开了相册。

一张张泛黄的老照片映入我的眼帘。除了少数几张彩照外，大部分都是黑白照。这些照片我还真没见过，上面的这些人都是谁呀？我把疑惑的目光投向了外婆。外婆心领神会，笑眯眯地说："你仔细看看，看能猜出多少？"于是，我随手拿了一张照片，仔细辨认起来。照片拍的是公园的一角，在鲜花丛中，一个年轻漂亮的阿姨，怀抱一个粉嘟嘟，可爱的小婴儿，在阳光下笑得那么灿烂。"这小婴儿肯定是我吧，但这个阿姨是谁呀？我怎么从来没见过？"外婆笑得前仰后合，用手点着我的小脑袋说："小傻瓜，这个'阿姨'现在就站

窗内，窗外

在你面前呢！"啊？我大吃一惊，原来她是当年的外婆呀！那这个小婴儿就不是我喽！外婆笑着揭开了谜底："当然不是你，那是你妈妈呀！""哈哈！"我看着照片，禁不住笑出声来。原来外婆曾经那么年轻漂亮过，妈妈也曾经年幼过。一张老照片把时光定格在了当年的那一瞬间。

我一张张地往后翻，找到了穿着西装，打着领带的"新郎外公"，五六岁时上台表演木偶戏的妈妈，还有我那从未见过面的太外婆……

合上相册，外婆的眼角泛着泪光，她用手轻轻地抚摸着相册的封面，哽咽地说："这可是我们家的宝贝呢！要搬新家了，我可舍不得丢下它，就算东西再多，我也要把它带到新房子里去。"

我知道了，这不仅仅是一本相册，更是我们家的历史，它承载着外婆外公满满的回忆和思念。多么珍贵的老相册啊！

我当理发师

张静怡

从小我就想当一名理发师，这个周末，终于有机会亲身体验了。

那天，邻家小妹妹来我家玩。她的头发又长又软，特别漂亮。我就琢磨着，要不我就当一回真正的理发师，给小妹妹弄个最"潮"的发型？她的头发特别适合我这样的新手来做。

让我喜出望外的是，小妹妹竟然一口答应了！在她心中，我是她无比崇拜的大姐姐，她对大姐姐的手艺怎么会产生怀疑呢？说干就干。我连忙把她请进我的房间，关上门，给她围上围裙，地上铺好了报纸，然后拿来凳子和剪刀。一切准备工作做好后，我便信心十足地拿起剪刀"咔嚓咔嚓"剪起来。

我左剪一下，右剪一下，觉得剪发竟是这般容易！可是后来，小妹妹坐不住了，两条白藕一样的小胖腿左晃晃、右动动，我生怕剪着她的耳朵，就小心翼翼地剪。可是她越动越厉害，最后竟然摇头晃脑地唱起了歌谣。这可愁坏了我，她摇头晃脑地不消停，我可怎么剪呀？我灵机一动，找了一副墨镜给她戴上。她戴上墨镜以后，被自己酷酷的样子迷住了，果然不动了，但嘴里不停地催我："姐姐快剪吧，我要出去走走！"

我又左一下右一下地剪了起来。可是，越剪越觉得哪里不对劲儿。每一次两边剪得都不对称，没办法，我就一直在修。修修剪剪，小妹妹的头发好像故意跟我过不去似的，始终没达到理想效果。终于，我不能再往下剪了：不是因为我不想剪了，而是不能再剪了。小妹妹的一头长发，已经被我剪得变成小寸头了。

我硬着头皮，翻出我最喜欢的一顶帽子给小妹妹扣上。小妹妹又被头顶上的帽子吸引了，对着镜子扭来扭去，照个没完。我嘱咐她："这顶帽子姐姐就送给你了，最好不要摘下来，要一直戴着。"小妹妹使劲儿点头，说："谢谢姐姐！这真是一个大大的惊喜！"

小妹妹蹦蹦跳跳地走了，我估计她回家后，一定会哇哇大哭的。因为这个"惊喜"，只有惊，没有喜！

我的妈妈是"馋猫"

董笑颜

我的妈妈很瘦弱，她总抱怨自己的胃口不好，但我看她的嘴巴从早到晚都没闲着，不是吃这就是吃那的。甚至每天晚上上床前，她都要拿几颗螺旋藻含着睡觉。你说她是不是一个不折不扣的"馋猫"？

每次我肚子饿得咕咕叫时，总能从她的床头柜、手提包、衣服口袋里搜出巧克力、话梅、开心果等零食来，还从来没有一次空手而归的。你说她是不是"馋猫"？不过，她虽然嘴馋，但很少吃"独食"，只要我能自觉地完成作业，或者"奉上"一些学校获得的奖状，或是主动帮忙做点儿家务，她都会很慷慨地与我分享她的零食。这些"小恩小惠"对我来说还是很有诱惑力的。

有一段时间，我在学校跟几个同学学会了一些不雅的网络词语，回家后和妈妈聊天时，稍不留神就"蹦"了出来。开始，她好像没听到一样。我心里窃喜不已，以为她根本不会在意，于是，这几个词就成了我的口头禅。几天后，"馋猫"妈妈说带我去超市买零食，我高兴坏了。可是在琳琅满目的零食架上，她只拿了十几盒口香糖。我很不高兴，"妈妈，为什么只买口香糖？""有人最近有些口臭，需要嚼嚼口香糖清新口气！"我的脸"唰"地一下红了……口香糖被妈妈整整齐齐地码在客厅的茶几上，我却很少吃，但从那以后，我再也没说过脏话了。

　　每个周末，家里都要过一次"劳动节"，我这个小"家庭妇男"当然是"有乐共享"的。我和妈妈实行"包干制"，她负责打扫楼上的卫生，我负责楼下的清洁。打扫卫生前，她会准备一个超大的水果拼盘，里面盛满了苹果、香蕉、雪梨……色、香、味俱全，让人直咽口水。但一想到"馋猫"妈妈都能忍住不吃，我也只好边咽口水边干活了。有诱惑就有动力，每次我都赶在妈妈前面做完清洁，然后坐在沙发上捧着水果拼盘大快朵颐。"馋猫"妈妈一听到我那"吧唧吧唧"的咀嚼声，总会在楼上大喊大叫："儿子，别都吃完了，给我留一半啊！"

　　哈哈，看来妈妈是"馋猫"，我也是"馋猫"，真是"一脉相传"啊。

坐着"敞篷"去上学

周　维

　　拥有一辆敞篷车是妈妈曾经的梦想，这不，今天爸爸又把妈妈的车开走了，无奈之下，妈妈只好翻出了一辆年代久远的环保"敞篷车"——自行车送我上补习班。

　　"丁零当啷！"自行车上路了。由于妈妈已经很久很久没有骑自行车了，因此她骑车的技术十分生疏，特别是刚上路时，妈妈竟以夸张的"S"形路线前进，害得我险些从车后座上摔下来。

突然，前方出现了一个大陡坡，妈妈开始努力蹬着车："嘿哟！嘿哟！"嘴里还喊着加油号子呢！"啊，我要溜坡啦！"什么？溜坡？妈妈开惯了汽车，开车的用语都来了。唉，我还是老老实实坐好吧。

好不容易骑上了陡坡，妈妈长长地舒了一口气。"啊，终于上来了！"我绷紧的神经还没来得及放松，车就开始了下坡，本以为下坡一定会很简单，谁知下坡更是惊险！妈妈竟把自行车当成了汽车开，开始猛踩"油门儿"！自行车飞速前行，几乎到了失控的程度，我和妈妈狂叫着"滑"下大斜坡，惹得路人纷纷投来异样的目光。"砰！"不知滑了多久，我们终于被路面上的一条减速带"强行"减速，只是那一"咯噔"，颠得我屁股好疼好疼！

哭笑不得的我们稍作片刻调整便继续前进，不一会儿车子"驶"进了繁华的解放路。双休日的解放路很是热闹啊，我和妈妈骑着辆"敞篷车"在车堆中挤来挤去（妈妈还以为自己开的是汽车，因此一直行驶在机动车道里），有好几次，妈妈骑车带着我从几辆汽车的缝隙中穿过。因为骑着自行车，妈妈也顾不上什么交通规则了，居然还闯起了红灯，我真为她捏了一把汗。

好不容易拐进了一条胡同，这里人少路平，我和妈妈这才将悬着的心放下，可妈妈却开始"不安分"起来，她一会儿沿曲线行驶，一会儿又故意上下颠簸，一路上我俩笑声不断。

到了培训点，我跌跌撞撞地跨下"敞篷车"，无意中一瞥，竟发现妈妈今天穿的是超短裙！刚刚那么疯狂的一路，妈妈有没有……哦，我的神哪！

窃 饮 记

何应其

古噜噜，你抽屉里怎么那么多零食？你不是说要减肥吗？

这……这……不吃饱怎么有力气减肥？

真是服了你了，打着减肥的名义自欺欺人，你也算得上是高手了。学学我们的小记者，偷喝奶粉既没有被人发现还表了孝心，真是一举两得！

"唉，体重又超标了！"我无奈地走下体重秤，摇了摇头。没办法，又不能吃点心了。一想到点心，肚子就向我"咕咕"地抗议了。肚子越抗议，点心的诱惑就越强烈。我终于挣扎着打开冰箱，可是冷冻室里"举目无食"，我又打开下层，里面是一堆保健品和不能吃的东西。呵，还好，角落里躺着一包奶粉。喝奶粉是会胖的，可是我……喝，还是不喝？我站起，又坐下，坐下，又站起，反复了十几次后，终于没能坐住。我脱掉鞋子，穿上袜子，目的是在地板上行走时不发出声音。我走到厨房里，将奶粉倒进杯子，却发现没有开水。我赶紧烧水，外婆在隔壁问我："何应其，你在干吗？"我不得已撒了一个小谎："我在厨房里找东西呢！"

水烧开的声音响了起来。"明修栈道，暗度陈仓"，这项工程有点儿大，是时候弄个"挡箭牌"了。我假装客气地对外婆说："外婆，我给您泡一杯牛奶吧。""哟，我外孙这么乖啊！"取得了外婆的信任后，我便大胆了起来。水一会儿就烧开了。我把水倒进装有奶粉的杯子里，泡得并不是很满，我知道水太多的话不容易凉下来。我拿起调羹，轻轻地搅拌了一会儿，然后再拼命地吹气，吹一会儿，尝一口。稍稍凉下来了，我立刻拿起杯子"咕咚咕咚"地一饮而尽。呵呵，真香甜啊！

喝完后，肚子立刻舒服起来。接着要销毁证据了，我先把倒在外面的奶粉擦掉，将奶粉袋放回冰箱，再轻轻地洗干净杯子，然后把杯子立刻放回原处。我又拿出一个杯子，倒上奶粉，加上开水，故意用调羹搅拌得"当当"响。

"外婆，奶粉泡好了，您尝尝看。"我端着一杯热气腾腾的牛奶，向外婆房间走去……

海的味道

黄丹橙

故乡，是个海滨小镇，一切事物都充满了淡淡的鱼腥味，包括空气也不例外。也许是海风的滋润，使得一切都依附着海的味道吧。每当我走近那蓝蓝的大海，闻着空气中那洋溢着的咸咸的鱼腥味，我总会想起奶奶，想起我与奶奶的故事。

奶奶年过花甲，但人却精明能干。也许是小镇长年海风的吹袭，奶奶的皮肤黝黑，但十分健康。宽厚扁平的额头上"小鱼儿"排列整齐，远远望去还真像五线谱被硬生生地刻在了头板儿上。嘴唇红得发紫。别说，奶奶的脸上，还真有一番海的味道！

阵阵海风吹过，这院后的小田，也许就是奶奶的乐园。稻花香里，鸡鸭嬉戏，孩童玩耍，最有趣的要数奶奶赶鸭子了。奶奶养了十几只番鸭，那鸭子三五成群，叽叽咕咕，最爱踏着海浪四处奔跑。白天，成群的鸭子上上下下地游，时而钻下水叼起小鱼；时而扇起翅膀，鼓满凉风，有如一片片白帆，嘎嘎地叫着。太阳落山了，可这群调皮的家伙就是不肯回家，还贪恋着海滨的那一份自由呢！每当这时，奶奶总会一手捧着一堆好吃的，一手持着根棍子，慢慢地吆喝着走向鸭群，嘴里叫唤着"Bibi——bibi——bi"声，仿佛海中仙子的吟咏，清亮悠长！

这叫唤声可真奇怪，小孩子们觉得有意思，也跟着叫了起来，于是整个小村里都回荡着这叫唤声。我也不知不觉跟着叫了起来，加入了这赶鸭行列。我抡起木棒二话不说就往鸭群里冲，可谁知它们见了我就到处乱窜，赶了这只，跑了那只，我一边追一边喊着"bibi"的口号，忙得不亦乐乎。被我这一"捣蛋"，奶奶的"节奏"也乱了，十几分钟下来，本早该赶回鸭圈的鸭子们还和奶奶玩着捉迷藏，而奶奶和我已经被那调皮的鸭儿折腾得满头大汗！夜色渐渐地涌了上来，小鸭们还没有归心，个个像叛逆的少年，依然游玩于水中。我跑，它们也跑；我停，它们也停下来，歪着脖子朝我"嘎嘎"叫，似乎在嘲笑我的无能。我气不打一处来，将木棒一扔，不干了。奶奶依然手脚不停，赶着鸭群，继续用她那有魔力的吆喝声召唤着她的"孩子"们，"Bibi——bibi——bi"，好一个海的女子，她手持木棍，东奔西走，左闪右击，使出浑身解数，终于把鸭群给降服了！这就是海边儿女的韧性！

夜幕降临，满天都是星辰，星汉灿烂。我坐在奶奶新编的小竹椅上，数着天上的星星。奶奶轻抚着我的小脑袋，语重心长地对我说：

"孩子，做事不能半途而废，要有海一样的秉性。每天早晨，海水涨潮，它非得留下个印记不成；每天晚上，退潮了，它也非得将印迹清个一干二净才肯走。这就是海的秉性！"我知道奶奶对我热切的希望、不倦的教诲，就是希望我能拥有大海一样的秉性，坚持不懈。

如今，我远在他乡，只有儿时的记忆和电话线那头谆谆嘱咐陪伴着我一路成长，每当遇到挫折与困难，正想放弃时，就想起星空下奶奶那番语重心长的话，似乎又听见海浪在不停拍打沙滩的声音，这便又使我增加了勇气。

我去北京领奖啦

汪艺涵

上学期，我的作文《奶奶的三轮车》在一次全国征文大赛中获得了一等奖，举办单位寄来了获奖通知，通知我去北京参加颁奖活动。我好高兴！爸妈毫不犹豫地支持我去北京领奖，但他们要上班，于是就让奶奶带着我去。7月17日上午，奶奶带着我坐上了开往北京的火车……

颁奖的一天到了。我怀着无比激动的心情，早早来到人民大会堂前等候。人民大会堂好气派啊，浅黄色花岗岩墙体，上面是黄绿相间的琉璃瓦屋檐，下面是花岗岩基座，周围环列着一根根高大的圆形廊柱。8点钟，武警叔叔打开了大门。经过安检后，我和来自全国各地的获奖同学一起，在工作人员带领下，排队依次进入人民大会堂。人民大会堂里面更壮观，我边走边看，心潮澎湃，激动万分。

我们来到人民大会堂三楼，经过留影厅时，工作人员大声地对我们说："各位同学、家长，请大家在留影厅照张合影，孩子站前面，家长站后面。"我们迅速依次站好，微笑着面对相机，"咔嚓"一声便照好了。然后，我们又随着工作人员来到颁奖的地点小礼堂。小礼堂里放满了座位，座位的四周摆放着绚丽多姿的花篮。我们各自按序号对号入座。伴随着优美的迎宾曲，颁奖老师依次上主席台就座，然后，主持老师宣布颁奖仪式开始。

给我颁奖的是著名儿童文学作家庄之明老师。庄老师虽然年逾古稀，但精神矍铄，腰板硬朗，他先给我颁可发红彤彤的获奖证书，然后又给我发了大奖杯。奖杯通体晶莹剔透，上面还刻着我的名字和奖项，下面刻着"北京人民大会堂"七个字。庄老师握着我的手，亲切地说："恭喜你，汪艺涵小朋友，希望你再接再厉。"

捧着红彤彤的获奖证书，举着沉甸甸的水晶奖杯，我心里别提有多激动了，感觉恍如在梦中。我心里默默告诉自己，一定要继续努力，写出更多更好的作文，争取下届征文大赛，还能来北京领奖。

141

我的植物"邻居"

潘彦林

我是一只七星瓢虫，无忧无虑，生活在一片青翠的草丛里，我有着许多植物邻居，我的居所与他们挨得很近。

又是一个清朗的早晨，我愉快地与早早就醒来看太阳的牵牛花打招呼。牵牛花这个家伙有早起的习惯，两三下爬到树顶，准备欣赏起床的朝阳。只听见她敷衍性地应了我一声后，继续目不转睛地盯着已升起多时却还是华丽无比的太阳，一睑陶醉。

我自讨没趣，打算"下楼"，爬下高高的草茎，准备去看看我的邻居们。

野蔷薇小姐伸了个懒腰，嫩绿色的纤细腰肢更显得她身姿姣好。我闻了闻随风飘来的芬芳花香，嗯，还不止她一个起床了，因为蔷薇的花香中还掺杂着其他的花香。辨认了一下后，我绕开挡在面前的一栋"建筑"，顺着一条没有杂草的小路，往前走去。

映入我眼帘的是正在打哈欠的龙葵花先生，昨天晚上喝水时不小心洒出来的水珠还留在他身上。不要问我为什么知道这件事，这家伙老是犯这毛病，大家也早已习以为常了。

这时，只听远处传来了一阵自夸的声音，那声音里带着沾沾自喜。不用说，一听这声音就知道是自恋的半枝莲在说话了。想到这里，我猛然一惊，原来现在已经十点了？看来我今天又睡迟了。

琅琅的读书声响起，我往前一瞥，发现小草弟弟们正齐声朗读着。原来他们正聚在一起上课呢！老师是狗尾草先生，他正摇着头，仿佛是在抱怨来捣乱的风弟弟，与此同时，他那一头毛茸茸的头发也随之摇晃。

太阳发出的光渐渐强烈起来，朋友们都舒服地挺起了身子，我也该回去了，因为我知道，十点半我们的村子里还有一场音乐会呢！

寻找幸运星

石子谊

夕阳西下，落日的余晖洒在大地上泛出点点金光。爸爸微笑着："女儿，知道幸运星吗？如果你能找到幸运星，那你就是最幸运的人。"

我愣了，摇摇头，呆呆地站在那儿。

晚上，我来到小阳台，坐在窗边，带着爸爸的问话开始寻找幸运星。墨蓝的天幕中挂着无数颗小星星，我时而左看，时而右看，时而抬头仰望，时而低头沉思，极力地想找到那颗幸运星，直到眼花了，也没找到，不禁有些悻悻然。

第二天晚上，我再次来到阳台寻找幸运星，再次失望而归。三天，四天，五天……一个星期过去了，我似乎看到了一颗最大最亮的星，十分激动地大喊着："我找到啦！我找到啦！"可是，没一会儿就有比它更大更亮的星星出现了。我开始觉得爸爸是在跟我开玩笑。

不知什么时候，爸爸走到我的身边，对我说："我不知道你找到了没有，但我找到了我的幸运星。"我茫然地看着他，问道："在哪里？"他笑着说："生活中那些帮助我的人，爱我的人，都是我的幸运星。"

第二天放学后，天空突然下起了大雨，我忙躲到雨棚里。只见一把伞撑在我头上，一只手牵着我往前走，是妈妈。看着她，如同一颗明亮的星照亮整个世界。

原来，爸爸说的幸运星并不是天上的"星"，而是心中的"星"。

暑假"美梦"

陈逸轩

清晨，我慢慢地睁开惺忪的睡眼。咦？我这是在哪儿？

我正躺在火车的卧铺上，车厢里十分安静，只有火车轧铁轨的声音。我看了看腕上的手表，按日期来算的话，此时，还是暑假的时间。我不在家写我那如山的暑假作业，反而来火车上睡了一个舒舒服服地大懒觉。难不成……我是在旅游？我又惊又喜，格外激动。

这时，坐在旁边的爸爸打断了我的思路："别睡了！快收拾行李吧！咱们马上到西藏了！"

什么？西藏？就是那个神圣的地方？那里有着世界海拔最高的山峰——珠穆朗玛峰，有着世界十大遗产之一——布达拉宫。

西藏很快就到了。这里的天好像换了样似的，瓦蓝瓦蓝的，像是被谁用蓝色的油漆均匀地涂抹上去似的。是谁呢？原来是大自然这位出色的画家。白云像棉花糖，白白的、一大团一大团的。远处，高山一座接着一座，连绵不断。高高的山顶，被终年不化的积雪覆盖着，就像给高高的雪山戴上了一顶漂亮至极的白帽子。

我们先后游览了雅鲁藏布大峡谷、布达拉宫、大昭寺、纳木错湖等著名景点。那才叫一个真正的爽。

玩了几天，该回家了。

回家后，我还是可以尽情地、自由自在地玩。估计许多人会有疑问：你不写作业了吗？不不，是老师和家长留的作业少哇。全力以赴地写作业，差不多十天就能全部完成。这暑假真好！

正当我沉浸在美好的暑假里面时，一阵铃声打破了我的美梦。

"毛毛，毛毛，起床了！起床了！""妈妈牌"闹钟又开始了。

咦？我不是正在享受美好的暑假吗？原来是一场梦啊！我又要在无边的"作业海"中无限地畅游了。

这是一个作业少、游玩多的梦幻暑假，也是我日思夜想的理想中的暑假。

心湖里最美的涟漪

王坤河

每当我铺开作文本写作时，每个方格里都仿佛凝注着黄老师清澈的目光，是叮嘱，是鼓励……

黄老师是温柔的，透过厚厚的镜片，她的目光像浅浅的溪水般清灵，嘴角轻轻抿着。她对我们从来不斥责喝骂，总是表扬我们，鼓励我们。我在班上成绩并不突出，写作文有时会想象得出格些，总有些同学会嘲笑我，这时黄老师总是用她那温柔的目光安慰我，给了我写

窗内，窗外

好作文的信心。

有一次，写看图作文，画面是乌云密布、大雨倾盆，一位老师撑伞遮同学回家。我当时写道："老师的伞就像乌鸦展开的翅膀，庇护着自己的孩子。"

"切，把老师写成乌鸦，会不会写呀？"

"伞明明是圆的，怎么会像乌鸦的翅膀？"

同学们嘘声一片。我低垂着头，心里委屈透了："爸爸明明说过乌鸦是一种很爱自己孩子的动物，还讲过乌鸦反哺、羊羔跪乳的故事，为什么不能把老师的伞比喻成乌鸦的翅膀呢？"我彷徨无助的样子，让黄老师看见了，她走过来摸着我的头，微笑地对同学们说："坤河的想象很奇特呢，也写得好，你们想一想鸟儿都很爱他们的孩子，在风雨中都是用翅膀保护自己的孩子，这和画面要表达的意思是不是很一致呢？"话音一落，同学们都讶然望着我，在底下悄悄地议论。

"是呀，我看见燕子用翅膀给小燕子遮雨。"

"老鹰捉小鸡的时候，老母鸡也是张开翅膀保护小鸡的。"

黄老师温和的庇护，同学们理解的言语，让我的心一下子开朗了。我怔怔地望着她，她冲我笑了笑。那时我觉得黄老师是世界上最理解我的人。

时光流逝，我现在越来越爱写作文，也写得越来越好了。每当我拿起笔时，我的眼前总浮现着黄老师清澈的目光，那是我心湖里最美的涟漪。

走，一起看车展！

黄仕炜

　　周五的下午，樊森来到我家，兴冲冲地邀我一起去宏升广场观看车展。好哇，好哇！我很痛快地答应了。哪个男孩子不喜欢车呢？

　　周六一大早，我便拉起樊森直奔宏升广场去了。

　　一进广场，我们便看见一块绿色的广告牌——"低碳环保 共筑未来"植树节车展活动。哦，这是一次以环保为主题的车展活动。虽然场地比较简陋，但是活动的内容还是挺吸引人的。

　　听完主持人对车展活动的介绍，我和樊森高兴地观看起每一辆车子来。

　　力帆一迈威、野马T70……每看到一辆车，我和樊森都会看一看、摸一摸、听一听，还要煞有介事地评头论足一番，那感觉真是有趣极了。

　　其中，我最感兴趣的是传祺GS8。霸气的外形、硬朗的线条、又高又宽的车头，显得阳刚气十足。前面的大灯，矩阵式排列，看起来大气而精致。尾灯的造型也非常有个性，双"U"字形设计，内部极具层次感。再看看车的内部，宽敞舒适，暖暖的木质本色，很有温馨的感觉。听工作人员介绍，广汽传祺GS8还获得了"2017网易年度新车总评榜年度中国品牌SUV"大奖。获奖理由是：广汽传祺GS8是真

窗内，窗外

正意义上综合了越野性能和实用空间的中国品牌SUV，开创了中国品牌在该级别的崭新局面。虽说是国产品牌，但广汽传祺GS8还是挺不错的嘛！

渐渐地，观看车展的人越来越多，有小孩儿、有老人，更多的还是年轻人，大家观看着、议论着、憧憬着……随着人们经济收入的不断提高，曾经连做梦都不敢想的小汽车，如今已进入寻常百姓家。大家的生活真是越过越好哇！

爸爸妈妈，咱家今年也先定一个小目标——买一辆车吧！

奇妙的浮潜之旅

徐兴沛

暑假里，我们一家去澳大利亚旅游。我在摩尔礁经历了一次奇妙的浮潜之旅，与许多原本只能在电视上、书本上、水族馆里才能见到的海洋生物来了一次亲密接触。

我们登上太阳恋人号游轮，预付了浮潜的费用。船到了摩尔礁，专业浮潜教练员便来接待我们。她指导我们穿上浮潜服，做好准备工作。我觉得自己游泳技艺高超，浮潜不会有问题。但是，真正穿戴整齐开始浮潜时，我才知道，浮潜远没有想象的那样简单。四周是一望无际、深不见底的大海，要是被海浪冲走可就惨了。游泳的动作基本用不上，学浮潜必须从零开始。在教练员的耐心指导和鼓励下，我学会了浮潜的基本要领，最终战胜恐惧，在教练员的引领下出发了。

我把头探进水里，各种各样、造型奇异的珊瑚立刻映入眼帘。它们有的像人脑，有的像向日葵，有的像盘子，有的像灌木，还有的甚至像意大利面，千奇百怪。五彩斑斓的珊瑚你挨着我，我挨着你，点亮了整个海底世界。看到这一切，我心里既激动又紧张。

突然，我发现有个全身黄白相间、尾部披着蓝色丝带的小东西在珊瑚群中来回穿梭。哇，原来是"环卫工"小丑鱼尼莫。它在珊瑚缝间游来游去，好像一把牙刷在清理牙齿。我忘了自己在浮潜，兴奋地大叫起来，又咸又涩的海水呛得我眼泪直流。

歇了口气，我继续向前游，追上了一只海龟。它足有一张单人课桌那么大，像一块漆了彩色条纹的棕色锅盖，悬浮在海中，一定是个老寿星了吧！教练员变戏法似的扔出一把海草，它立刻伸长脖子，一口吞了下去。尝过这送上门的点心后，它就待在原地一动不动了，是在期望美味再次从"天"而降吗？在教练员的鼓励下，我伸手摸了摸它的脊背，又凉、又滑、又硬，一股凉意顺着我的胳膊向上走，我觉得自己的心脏好像都要跳出来了。

149

我还想往前游，可教练员提醒该返回了。这次奇妙的浮潜之旅让我大开眼界，看到了一个绮丽的海洋世界。但我知道，这只是广阔的海洋世界中极小的一部分。如果我可以驾驶蛟龙号潜入深海，一定会看到一个更加美妙的世界！

窗内，窗外

友谊天长地久

黄雯

日月如梭，白驹过隙，转瞬间，我们相处了六年。这些年，我们一起哭，一起笑。常常因为一个小矛盾而争吵，转眼便破涕为笑和好。

一直觉得我们就像鱼一样记性差，转眼便忘，现在才知道，不记仇，是因为爱，是因为我们之间有爱，同学之爱。

永远都记得我的朋友盈儿和晔子。在成为朋友之前，我们的关系并不好，常常为一些小事吵架，是一次帮助拉近了我们之间的距离。

那天，攀在枝头鸣叫的蝉不时地抱怨着夏天的炎热，水塘里的青蛙在呱呱叫，盼望着秋天的到来。"屋漏偏逢连阴雨，船破又遇顶头风。"我们竟然在这样的天气还要上体育课。体育老师似乎心情不好，做好准备活动后就让我们去跑两圈。学校操场不大，但也不小，一圈下来有两百二十米左右，两圈那就是四百四十米，对于我这个"运动蠢材"来说不是要累死了吗？

我的小短腿在队伍后面迈着"鸭子神步"跑着，一个不小心被石头绊了一下，摔了一个"狗啃泥"，爬都爬不起来。就在我挣扎的时候，一只被阳光镀了金的手映入了我的眼帘，接着一只纤细的手也映入了我的眼帘。抬头一看，正是晔子和盈儿。我看着她们上扬的嘴角，忍不住也露出了一个微笑，将手递给她们，瞬间被拉了起来。膝盖上的疼痛将我的眼泪逼了出来，我忍不住哭了。盈儿拿出一张纸巾为我擦干眼泪，又拿出一张纸巾递给晔子。晔子接过纸巾，细心地蘸了点水帮我捂着伤口。然后，她们带我去医务室。

在一旁看热闹的同学们，见我没事，便哄堂大笑。我又恼又羞，豆粒大的眼泪落了下来。她们为我擦去双颊的眼泪，告诉我"要坚强"的时候，我觉得她们就像长着翅膀的天使。阳光照在她们脸上，幻化为和平友善的化身。也就是从那时候起，我们成了最好的朋友。

窗外的白鸽飞来，又飞走了。六年的小学时光也转瞬即逝，我们的友谊却天长地久，永远不变！盈儿，晔子，我们永远是最好的朋友！

缝沙包比赛

庄新苑

"哇，你的布好漂亮！""你带的是'虾米'粮食？"大家七嘴八舌地议论着。原来我们班要举行一场缝沙包大赛，主办方是臧老师，参赛人员是全班同学。

"预备，开始！"老师一声令下，教室刚才还像个集市似的，顿时变得鸦雀无声。我心想：缝沙包，太简单了！本来我就会缝东西，昨天晚上又练了练手，绝对是高手中的高手。

我扫了一眼其他同学，只见刘光凯满头大汗，因为穿针引线而急得"哇哇"大叫；房旭峰手忙脚乱，线也缠在了手上；李明洁挑选的花布真漂亮，填充沙包的是五谷杂粮；李法龙眼睛紧紧地盯着沙包，针像飞来飞去的蝴蝶般灵活地穿梭着，嘴还有规律地张合，好像是数着针脚呢；而张晓雨快速地拉动手中的针线，真像一位"缝纫大师"！

忽然，耳边传来这样的声音："完了，我的针去哪儿了？"不用猜，肯定是我那笨手笨脚的同桌把针弄丢了。我往他那儿瞟了一眼，见他急得像热锅上的蚂蚁，满世界地找针。

我不甘示弱，飞速地穿好线，专心致志地缝起来。我在缝第三块布的时候出了点儿意外，把线给缝反了，只好费力地拆线，重新忙活我的沙包。幸好我早就发明出了快捷的"串葫芦"缝法，胜利的皇冠还是有机会降临到我头上的。

就在我思绪乱飞的时候，郭彦廷用洪亮的男中音喊道："我缝完了！"我一下子手足无措起来。怎么这么快？神啊，救救我吧！一急起来，我的手都有点儿哆嗦了，越着急越缝得乱七八糟。我干脆不封顶了，三下五除二缝了个三角形，又忙不迭地将黄豆装进去。新品种大功告成！我正想站起来去邀功，突然，一颗小黄豆"飞"了出来，我只好修补这个"漏雨的房子"。

终于缝好了，虽然针脚有点儿难看，可我还是特别喜爱这个沙包。我把这个蓝色的三角沙包装进手折的小篮子里，起名为"蓝田玉酒"，可有成就感了！

这次比赛就像一杯咖啡一样值得我们仔细回味，它有一股美好的芳香，我会把它小心翼翼地珍藏在记忆的相册里。

奇异的圣诞树

刘　念

圣诞节那天，我在学校门口的小摊上饶有兴致地买了两包"七彩圣诞树"。

一回到家，我就迫不及待地拆开了包装袋。咦？不就是两张圣诞树形状的硬纸片和一包"药水"嘛，还"七彩圣诞树"呢，能长出来吗？我半信半疑地把"树"平稳地放在盘子里，将"药水"随手一浇，就去看电视了。反正，我对它也不抱太大的希望。

"刘念，吃饭了！"听到妈妈的喊声，我才恋恋不舍地从电视剧情里走出来。突然，一个"毛茸茸"的东西映入我的眼帘——"哎哟！这不是我的圣诞树吗？怎么变成这样子了？"我边尖叫，边"咚咚咚"地跑过去，仔细一瞅，刚才被"药水"浇过的地方竟然都冒出了剑状的"冰花"，气势凛然，更有一团团的"绒球球"遍布树身，粉嘟嘟的，像顽皮可爱的北极熊，太有趣了！

我欣喜万分地将另一包也拆开，小心翼翼地装好，浇完"药水"，才走向饭桌。但饭刚吃了几口，我便按捺不住好奇心，端着碗跑了过去。没想到，这棵圣诞树的"实力"远远超过了前一棵，短短几分钟，锋利的"冰剑"已是一把挨着一把、一层叠着一层，而"绒球球"也像变戏法一样争着向外冒，蓬松得好像轻轻一碰，瞬间就会

153

窗内，窗外

爆开。真是"人外有人，天外有天，圣诞树外有圣诞树"啊！两棵树在一起，就如在冰天雪地里上演一场"剑术大赛"，这些"剑"带着"呼呼"的风声，"叮当"的撞击声，翻飞、回旋，紧张而又激烈，不决出胜负决不罢休似的。

我看得连饭都忘了吃……

闹　元　宵

桂易凯

正月十五闹元宵，怎么闹呢？当然少不了舞龙，武汉人叫玩龙灯。今年我算是大开眼界，我随着爸爸来到武汉黄陂区，看了一场真正的"斗龙"大战。

舞龙队的"龙头大哥"陈伯伯是爸爸的朋友，他身材高大魁梧，舞龙已经三十多年了。谈起舞龙，陈伯伯口若悬河。据他介绍，他们舞的是地地道道手工制作的布龙，龙架子是竹子编成的，下面的撑竿长约一米半，加上人的身高，龙显得高大威猛。陈伯伯还告诉我们，舞龙要选一个天晴的日子，只要不过正月十五就行。第一个程序是请龙，放鞭炮，敬香祝愿，才可以把舞龙的一套东西搬上场，光乐器就有五种。如果是新龙，龙睛一般是空着的，到舞龙那天，请一名德高望重的人用毛笔蘸上墨水点上眼睛，这样龙就活了。我们一边津津有味地听着陈伯伯的介绍，一边来到舞龙场。

在舞龙场的空地上放着两条龙，一条红龙，一条黄龙，都有二十三节，属于"长龙"类。龙头十分威武，张开大嘴露出尖锐的牙，龙身上绣有彩绘吉祥的图案，五彩斑斓，金碧辉煌。

一阵锣鼓喧天，舞龙队进场了。只见舞龙人穿着清一色的中式薄衣衫，下身灯笼裤，腰间都扎着一白宽带，一队大红，一队大黄。人们围成一大圈，密密麻麻的。"咚、咚、咚咚、咚咚、咚咚咚……"两队人马先围着场子转了几圈，热场子。然后两个龙头相对，队伍一字排开，龙开始舞动起来。

龙头不时左右摇摆，龙身如漩涡似的卷起来，只见一个圆环连着一个圆环，犹如龙真的在云中翻滚腾跃，这就是人们常说的"滚龙"。两条龙时而腾起，时而俯冲，变化多端。两支队伍互不相让，锣鼓声始终不停，舞龙人、打鼓人个个满头大汗、青筋直冒，红龙、黄龙搅在一起，上下翻腾。围观的人们看得几乎入迷了，舞到高潮处，舞龙人、观众一起大声吼叫起来，那气势地动山摇。舞龙队还亮出了绝活：金龙喷水、白鹤亮翅、双跳龙门等，赢得满堂喝彩。两条龙缠在一起斗，谁也不肯认输，直到最后村长出面才收场。

而后两条龙分别到各家各户去"拜年"。每到一家，主人就燃放鞭炮，希望龙在自己家里多舞上一会儿，得一个新年好兆头。老辈人还在房梁上高挂一个大红包，舞龙人不能搭梯子，只能以叠罗汉的方式舞上去取下红包。红包取下时，每个人都欢天喜地。

今天，我作为"龙的传人"真真切切地感受到龙的威武和吉祥。舞龙舞出了中国人的红红火火，舞出了中国人的欢欢喜喜。

辩　论　赛

邱雅若

　　教室里，唇枪舌剑、唾沫横飞……你一定很奇怪我们在干什么。唉！还是我来告诉你吧，我们正在进行辩论比赛呢！主题是"诚信与善意的谎言"。

　　我方的观点是"善意的谎言无碍于诚信"。我是一辩。一辩可是很重要的，因为一辩的责任就是要给己方一个开门红——如果一辩说好了，那就可以给其他辩友以信心。所以说我身上的担子可不轻。

　　好了，不废话了，赶紧说重点吧！正方一开始好似不知道规则似的，只简单地陈述了几句己方的观点，就抛了一个问题给我："如果世界上没有了诚信，将会怎样？""哈哈，"我狂喜不已，"真是天助我也！他们怎么会连规则也不懂呢？"要知道，这个时间说是寸时寸金也不为过，因为各方的一辩只有三分钟的陈述时间。作为一辩，必须充分利用这短短的三分钟，尽可能地把观点和理由陈述清楚，尽可能地先声夺人，尽可能地给己方争取先机。

　　送上来的机会不要白不要。呼……狂喜且有一些小紧张的我，连手心里的汗也顾不上擦，深呼一口气后，便开始了滔滔不绝的陈述。"'谎言'，显而易见是不真实的话。出于不同的目的说谎，将导致截然不同的结果：一种是出于损人利己的目的，用狡猾奸诈的手段骗人，是恶意欺诈，必然会导致社会道德的沦丧和秩序的混乱；另一种，则是出于有利于他人的目的，把真实的情况隐藏起来，是善意隐瞒，将会让感情更融洽，社会更和谐。因此，善意隐瞒和恶意欺诈从动机到结果都有着天壤之别，不可混为一谈。当贫穷的母亲把仅有的饭菜留给儿女，同时隐瞒了自己还饿着肚子的事实，难道您还要指责善良崇高的母爱'不诚信'吗？"因为紧张，导致原来背得滚瓜烂熟的很多东西，临到现场都背不出，不得不看了很多次稿子。

好不容易把"子弹"打完，不料对手也用同样的方式，打回了一串"子弹"。就这样，正反双方的"子弹"撞在了一起，磨出了智慧的火花。我这才发现，一开始就紧张的我不知道从什么时候竟然变得不紧张了，反而充满了信心——有了开门红，还愁后继乏力吗？要知道，接下来要上场的二辩可是我方的大将啊！尽管我方的其他辩友有些"羡慕忌妒恨"，但对方的辩友们肯定死定了。

果然不出我所料，我方的二辩一出场，气势顿时镇住了全场的人。特别是老师看到我看稿子发言后，临时增加了一条游戏规则——后面的人不能再看稿子。对方的辩友就像泄了气的皮球一样。但对方也不是好对付的，也有高手，只是短暂的"失措"后，便开始组织了疯狂的反扑。比如，对方的三辩、四辩口才就很好，我差点儿就被他们牵着鼻子走，幸亏我方的四辩为我们力扳一局。

陈述完观点后，自由辩论开始了。

面对即将来临的腥风血雨，尽管我方的辩友在辩论前因为争当二辩闹了些小矛盾，但在当前的"大敌"面前，摒弃了前嫌，选择了一致对外。在我方的辩友众志成城、团结一致的努力下，特别是在对方的三辩说完后，我找出对方的致命弱点，抛了一个"核弹"出去，我们就毫无悬念地取得了最后的胜利。

是团结让我们最终赢得了这场比赛。直到现在，这场辩论赛的精彩场景还时常浮现在我的脑海里。

惨痛的教训

路何婷

记得那时我上二年级，那天爷爷过生日，我和爸爸妈妈一起回了老家。一大家子人高高兴兴地给爷爷拜完寿，我刚想走，妹妹突然说了一句："哥哥，你等会儿再走。"我正纳闷儿，妹妹指着桌子上剩下的多半桶饮料挑衅地说："敢不敢跟我比喝饮料？"我心想，我是哥哥，一定不能输给她，当即答应道："比就比！"

说完，我倒了一大杯饮料，把脖子一扬，咕咚几口就把一杯喝干了。妹妹看我喝完了，也不甘示弱，倒了满满一大杯，学着我一饮而尽。就这样，我一杯，妹妹一杯，不一会儿，我就打起了饱嗝，再也喝不下去了，肚子撑得马上要爆炸了似的，坐在凳子上不能活动。转眼看了一眼妹妹，她也趴在桌子上不能再喝了。我们一数，我喝了七杯，妹妹喝了六杯。我高兴得正想大呼一声"我胜利了"，话没说出口，"哇"的一声，喝下的饮料和先前吃下去的饭菜都被我吐了出来，弄得满身都是。妹妹看见了，吓得不知所措。

这时，妈妈正好过来，看见我狼狈的样子，她赶紧拿来毛巾，帮我把衣服上的饭菜擦干净。看看妹妹没有大碍，就拉着我们回家了。回到家后，妈妈给我换了衣服，并让我和妹妹都躺在床上。过了一会儿，我觉得肚子疼痛难忍，妹妹也喊肚子痛。一家子人跑前忙后，又是给我们热敷，又是让我们吃药，到了傍晚，我们两个才算稳当下来。

这件事我至今记忆犹新，一想起来我仍仿佛觉得肚子隐隐发痛。

"疯狂"的奶奶

谢东辰

我的奶奶今年六十三岁，鼻梁上架着一副高度数的老花镜，穿着最爱的红毛裤，躺在一张太师椅上悠闲地拿着手机跟别人在"窃窃私语"，怎么看她都是一位悠闲自得的老太太，可你哪里知道，我的奶奶可是位不折不扣的"狂人"。

工作狂。奶奶特别喜欢做家务活，不是拿着扫帚东扫一下西扫一下，就是拿着掸子给那些"文物"除尘，总不闲着。每当有人劝她休息休息时，她就一句话："不累不累，我要是不干活儿，恐怕还要生病呢！"

细心狂。一进奶奶的家门，就要遵守一条规矩：拿什么东西都得轻拿轻放，不能弄碎一个杯、碗、碟！毛手毛脚的我一到奶奶家就得小心了。那次，爷爷一不小心打碎了个碗，吓得他愣着不知所措。从他那惊恐的表情来看，分明是不小心触到了"原子弹"的开关！我连忙晃了晃他，他老人家才回过神来，用"光速"收拾了残局，还用"糖衣炮弹"来收买我。我当然吃他这一套了。至今，我还在帮爷爷保守秘密，如果我要说出去，嘿嘿，可有好戏看了！

159

窗内，窗外

管食狂。奶奶对我太严厉，任何零食都不让我吃！呜呜！对于处在成长期的我来说，花花绿绿的零食可是我的命根子！可对于奶奶来说，那就是一包包危害健康的"毒品"！她很反对我接近那些危害健康的食品，更可怕的是，每次我偷吃时都能被她发现。没办法，为了不激怒她老人家，我只能退一步肚里空空，忍一忍风平浪静了。

时尚狂。奶奶年纪大了就落伍了？NO！她可是位不折不扣的时尚狂。衣柜里时尚的衣服她就有几十件，运动的、休闲的、参加聚会的……件件颜色艳丽，款式得体，随便穿一套那就叫一个精神！智能手机她老人家就有两部：一部用来通信联系，另一部纯属用来休闲娱乐。另外她还拥有一部平板电脑，令我都羡慕不已。

怎么样？我这多元素的奶奶够"疯狂"吧！

我 的 弟 弟

雪 琪

说起我的弟弟，他可是个地地道道的调皮鬼，就是爸爸妈妈也总是拿他没有办法。

去年暑假的某一天，我和弟弟正在楼上大厅玩耍，突然爸爸出现在我们面前，大喊道："你们在干什么？还不快去做作业。"我们听了爸爸的话，立刻以蜗牛般的速度移进各自的房间。爸爸的声音很有力量，我们极不情愿，但又不得不听。

爸爸见我们已经回房间去做作业了，于是就走下楼去。哪知弟弟一直观察着爸爸的一举一动，见爸爸走开了，说时迟，那时快，立刻飞奔进我的房间，翻我的东西。我吓吓他说："你快去做你的作业，不然，一会儿爸爸上来又该骂你了。"没想到，爸爸真的突然出现了，用极为严肃的态度对弟弟说："你不去做作业，在这里做什么？"弟弟灵机一动，使了一下坏心眼儿，指了指我说："是姐姐叫我来的。"然后就一溜烟跑进他自己的房间。爸爸一听，不分青红皂白，把我骂了一番。

爸爸十分气愤地走开了，这时妈妈进来了，问清了我原因，说："你这弟弟也真是的，气死我了，算了吧。"我想怎么可以就这样算了呢！这时我看见弟弟躲在房间里偷笑，这让我很生气，想给他一点儿教训。

我突然想到，我有一支铅笔他惦记很久了，于是我在铅笔表面涂了点502胶，假装好心送给了他。他兴奋地拿着心仪已久的铅笔，准备放在文具盒中时，怎么放也放不下来。这时，我拍掌大笑，好不容易忍住了说："那是502胶，但是只有一点点。"可是没想到的是，他突然说："哦，还好我没有碰。"我一听，气得鼻子都歪了。原来，他早就识破了我的诡计，刚才是故意装的。这时他笑得十分开心。我真是赔了夫人又折兵。

现在想想，我的弟弟虽然调皮了点儿，但是，给我们的生活增添了许多乐趣。要是没了他，我们的生活会变得很枯燥无味。

窗内，窗外

汤琪琪

我有一个梦想，就是成为一只能够翱翔于天空的鸟儿，拥有人人羡慕的翅膀。然而，我却摆脱不了身上的禁锢，只能坐在窗内仰望天空。是的，如果可以，我想做窗外的鸟儿，而不是窗内的女孩。

临近期中考试，老师让我们自由复习。我坐在座位上，看着课桌上一大摞需要背诵的资料，我茫然了，突然有种恐慌浮上心头……我听见教室外面的鸟儿叽叽喳喳地鸣叫，突然十分迫切地想变成一只小鸟，一只不受束缚的小鸟。我想在蔚蓝的天空中自由自在地飞翔，而不是像风筝一样，虽然威风凛凛却始终身不由己，摆脱不了别人的控制。想着想着，一滴眼泪顺着脸颊缓缓地滑下，打湿了书本，发出啪嗒的声响，那是我内心无助彷徨的表现。无声的哭泣持续了很长时间，我终于擦干了泪水，下课了。

我一个人走出教室，踩着地面上一条条错杂的直线，来到了学校三味园旁的大树底下。

我坐在灰色的水泥台阶上面，陷入沉思。

耳畔，脑海，以至整个身心都充斥着许许多多的旋律："当我的笑灿烂像阳光，当我的梦做得够漂亮，这世界才为我鼓掌，只有你担心我受伤。""我决定我想去哪里，往天堂要跳过地狱，也不恐惧，不逃避。"是的，我也想要有懂我的爸爸妈妈，想要有跌入地狱也不恐惧的勇气。可是，悲催的是我没有，只是想要有。

我从来没有为自己的梦想和目标做出那种付出所有的努力与行动，我从来没有认认真真地做好自己，我从来没有遵循老师的要求学习，一切的一切我都从来没有过。我也想要改变，我也想要翱翔于天空，我也想要……

撤回思绪，我又回到了现实。

我看着台阶下面的一株株三叶草，它们是那么的娇柔却又那么的坚强。一阵阵鸟鸣从远处传来，我循着声音望去，果然发现了几只小鸟。微风拂过，我的长发随着风儿的旋律跳起了轻快的舞蹈，我的心也跟着鸟儿飞向了远方。哎哟！我突然发现我的心一直在窗外的天空翱翔，从未停止。是的，我一直都是一只鸟儿，一直翱翔在天空之中！

那一刻，我才明白，窗内的女孩儿原来就是那窗外翱翔的鸟儿！

163

绝食战斗计

邓菁菁

都说"民以食为天"，可我偏不信，我要与食物来场大战——绝食。

我不打算把自己饿疯，只打算绝食——二十个小时。

中午12点，本人宣布——绝食正式开始了！12：30分，一道道美味像一个个可爱的小精灵，活蹦乱跳地奔上餐桌。你瞧，酸甜排骨金灿灿的，土豆丝条条透亮，汤里的丝瓜似翡翠……乖乖，这些都是我的最爱呀！我垂涎欲滴，咂咂嘴巴，两腮阵阵发酸，舌头开始打卷，口水源源不断地涌出来，真可用那句"飞流直下三千尺，疑是银河落九天"来形容……脑海中渐渐浮现出我美餐一顿的场景，啊，那叫一个诱人！

"哎呀，不行，绝食才刚刚开始呢！这么快立场就不坚定了吗？"我命令自己快走——眼不见，心不烦，鼻不闻，不想吃！"两耳不闻窗外事，一心只读圣贤书"，好办法，我不再想那些美食，打算回房间看书，身体却像坐飞机似的——脚下无根。

我捂着耳朵，闭着眼睛，屏住呼吸，咬紧牙关，过了"第一关"。于是，我迷迷糊糊地过了一下午。

晚上7点，我迎来了更大的挑战。厨房里飘出阵阵扑鼻的香气，想必又有一桌美味即将登场。那香味，离我是那么近，却又是那么遥不可及！番茄炒蛋、清蒸鱼……哇，一道道菜映入眼帘，它们仿佛盼着我赶紧动筷，又仿佛在向我示威……

我只能软得像一摊泥似的躺着，肚子"咕咕咕"地埋怨着我。一起身，我像个"炭"字，头重脚轻，眼冒金星，耳朵里像有几十台轰炸机在"轰隆隆"地响，双腿不听使唤，像踩在棉花上一样，一脚深，一脚浅。

晚上，我躺在床上，翻来覆去睡不着，感觉全身冷冰冰的，再加上有一种想吃又不得吃的痛苦一直折磨我，差不多天亮了才昏昏沉沉地进入梦乡。

多么漫长的一天啊，像经历了几个世纪那样漫长。而此时此刻，我对那些食物更是"一日不见，如隔三秋"！

第二天早上6：59分，离绝食结束时间只有一分钟，进入"发射阶段"倒计时——10、9、8……1！

我如离弦之箭，发疯似的冲向厨房，速度之快——连波音747也赶不上。当时，在场的人都被我的举动吓了一大跳。

　　"快快快！快给我四个包子、三碗米饭、三杯牛奶、四根油条！"

　　一秒钟我也不能耽搁，一阵风卷残云后，我拍了拍圆鼓鼓的肚子，打着饱嗝。

　　"对于从不缺衣短食，过着优越的物质生活的人来说，他们永远无法感受到食物给人带来的甜美和芳香。对于那些习惯了铺张浪费、挥霍无度的人来说，他们永远无法明白食物的可贵，永远无法学会珍惜。"我躺在床上，深刻地反省着。